새마을운동과 ODA

최 병 익
오 치 선
최 찬 호

국제문화대학원대학교 산학출판부

머 리 말

한국은 일제 식민통치의 악랄한 수탈로 극심한 빈곤에서 벗어나는 것이 거의 불가능하다는 것이 일제하에서 수행된 외국 기독교 단체에 의한 한국 사회조사의 평가였다. 이 같은 절망 상태는 해방 이후 1960년대 까지 지속되고 설상가상으로 6.25에 의해 전국의 모든 하부구조가 초토화 되었다.

한국과 같이 식민통치와 전쟁의 피해를 입은 상당수의 나라들이 풍부한 부존자원을 가지고도 아직 수백불 내외의 1인당 국민 소득을 기록하고 있다. 이에 비해 자원빈국인 한국은 약3만 불을 기록했다. 게다가 한국은 OECD의 ODA 회원국이 되었다.

이 같은 차이는 어디서 왔는가? 여러 요인들 가운데 Schumacher 박사가 Small is Beautiful에서 지적한 한국의 교육을 들 수 있다. 정규 교육은 물론 성공적인 문맹퇴치, 농촌지도, 협동조합운동, 새마을 운동과 새마을 교육 등이 한국의 발전을 견인한 것이다. 새마을 운동의 효율적인 개발전략과 국민의 자신감 회복과 전승의 근면 자조 협동이 한국의 고도성장에 대한 해답이 될 것이다.

최근에 65개국의 개도국과 UN, OECD 등dmfhqnxj 새마을운동의 이전 요구가 증대되고 있다. 이에 따라 관련분야 전문가들과 학부와 대학원 학생들을 위한 교육 매뉴얼이 필요하게 되었다. 이미 수많은 훌륭한 자료들이 발간되어 있다. 그러나 한국의 지역사회 관련 역사, 농촌지도, 농협, 새마을금고, 새마을운동 세계화 등을 한권의 교재로 엮는다면 새마을운동 뿐만 아니라 한국의 개발 경험 전반을 이해하는데 좀 더 편리한 교재가 될 것이다.

위와 같은 관점에서 약 40년에 걸친 필자들의 국내외 새마을 운동 관련 현장 경험과 연구 자료를 모아 새마을운동과 ODA라는 교재를 발간하게 되었다. 또한 새마을 운동을 평가하고 나아갈 방향을 전망하는 데도 이 같은 저서가 다소나마 유용할 것으로 기대되기 때문이다.

이 책에서는 먼저 일제하 계몽주의 교육사상가들의 사상과 활동을 살펴보았다. 이어서 해방 전후의 농촌 계몽 운동, 해방 후의 문맹 퇴치 운동과 농촌지도 및 협동조합운동 그리고 새마을 운동 직전의 재건국민운동 등을 살펴보았다.

새마을 운동은 부문별 새마을 운동과 새마을 운동 이전의 마을금고에서 시작된 새마을금고 운동의 역사와 현황을 그리고 새마을교육 등을 소개하였다. 또한 새마을 운동과 협동조합 운동이 함께 추진되어야 한다는 관점에서 농민의 공동판매 그리고 끝으로 다문화가정의 육성과 지원을 통한 코리안 드림의 세계화와 방안과 새마을 운동과 ODA 등을 다뤘다.

최근에 국제문화대학원 대학교에서 아프리카와 동남아 유학생들에게 한국의 개발경험을 강의하면서 이들을 위한 새마을운동 영문 교재도 필요하게 되었다. 이들을 위해 이 책의 영문판도 발간하게 되었다.

이 책을 발간하는 데는 새마을 연수원, 글로벌 새마을포럼, 코이카 등의 자료에 많은 도움을 받았다. 지면을 통해 그 고마운 마음을 표한다.

끝으로 이 책의 많은 부분이 2010년에 발간된 <새마을운동>을 토대로 많은 자료를 보완하여 재구성되었음을 밝혀둔다.

2014년 11월

국제문화대학원대학교에서
최병익, 오치선, 최찬호

목   차

I. 서론

1. 교육과 국가 발전

1). 정신교육의 역할

선진국으로 발전하기 위해서 국민의 바람직한 태도가 강화되어야 하는데 그것은 도산 안창호[1]가 지적한 "국민적 사업"으로서 국민정신교육을 통하여 이루어지는 것이다. 또한 국민정신의 계발과 바람직한 태도의 강화와 함께 국민의 역량이 효율적으로 모아져야 한다. 도산은 국민이 단연코 실행할 5대사를 군사, 외교, 교육, 사법, 재정, 통일(단합)을 들었다. 그리고 교육에 대하여 "국민에게 좋은 지식과 사상을 주고 애국의 정신을 계발하기 위하여 좋은 서적을 많이 간행하여 이 시기에 적합한 특수한 교육도 하여야…"라고 역설한 것은 오늘날에도 우리 국민에게 큰 교훈이 되고 있다.

한정된 자연자원과 수시로 변하는 국제환경을 감안할 때 국가의 발전전략은 인적자원의 개발에 초점이 주어지고 그것은 바로 국민정신의 계발에서 비롯되는 것이다. 덴마크도 "기독교인이 되기 전에 먼저 덴마크인이 되라"고 한 그룬트비히와 "밖에서 잃은 땅을 안에서 찾자."고 한 달가스가 있었기에[2] 오늘날의 덴마크로 발전할 수 있었던 것이다. 그런데 우리가 지향하는 것이 민주 복지국가이고 우리가 역점을 두고 있는 것도 바로 국민정신계발을 통한 인적자원개발이므로 이와 같은 관점에서 인적자원개발을 살펴보기로 한다[3].

근대화되기 전 까지는 교육의 초점은 유학에 주어지고 관련분야의 서적 이외의 분야는 이단시하였다. 물론 일단의 학자들에 의한 실

---

1) 安昌浩, 도산안창호 논설집, 을유문화사, 1974,
2) 金英煥, 덴마크 갱생운동사, 신교출판사, 1959,
3) 국민교육협의회, 국민교육헌장의 자료통감, 1973,
4) 차석기, 한국민족주의교육의 연구, 전명문화사,1982.

학적 접근 노력이 이루어졌으나 그들의 연구와 주장이 주류사회에 채택되지 못했다. 19세기 중엽까지 오경과 같은 인문과목 중심의 교육으로 일관 하였다.

이같은 교육은 주체의식 개발에 미흡 하였다4). 수학적기초가 반영되지 않아 사물을 합리적으로 파악하는 정신계발이 미흡했다. 자연과학이 반영되지 않아 기술과 직업윤리 확립에 미흡했다. 이와 같은 제도교육과는 달리 성인교육에서는 실학적인 내용이 지속 되어왔다. 그것은 사회가 평생교육의 장으로서 기능을 갖기 때문이다. 그리고 비현실적이고 관념적인 유학에 대한 반성으로 과학기술을 도입하려는 새로운 실학의 사조가 17세기에 대두되었다. 조선후기의 실학사상은 개화기 교육의 사상적 토대로 전승되었다. 조선후기 실학사상은 경제개발을 통하여 근대화를 지향하는 한편 민족주의적 개화기 특성을 가지고 있었다. 개화기 교육사상의 특징은 앞에서 언급한 실학 교육과 사상을 계승, 발전시켜 신분제를 타파한 자유평등사상, 산업기술의 발전을 촉진한 실용주의사상 그리고 위기의식으로부터 교육구국을 전개한 민족교육사상 등으로 요약된다.

전통적인 고립정책을 타파하고 서구의 우수한 물질문명에 접하게 된 조선사회의 지도층은 깊은 자기성찰과 더불어 광범위한 혁신을 추구하기 시작하였다. 1882년 10월에 지석영은 개화에 관한 서적을 간행하고 국민을 교화하고 또한 각종 기계를 제작하여 지방에 널리 보급할 것 등을 주장하여 이용후생을 주장4)한 것은 조선중기 이후 전승되어온 실학사상과 궤를 같이 하는 것이며 또한 개화기 교육사상이기도 하다. 개화기 교육사상의 또 다른 특징은 독립사관을 강조한 것이다. 예컨대 유길준이 우리말 우리역사교육을 강조한 것은 오늘날에도 경청해야 할 가르침이다. 만약에 우리의 역사와 문장을 가르치지 아니하고 다만 청의 역사와 문장을 가르친다면 인민들은 정으로 본을 삼고 이것을 중하게 여기며 자국을 업신여길 것이니 이것은 본을 버리고 말을 취하는 것이다.5)

─────────────────────

이와 같은 정신교육의 역할은 역사의 어느 한 시기에만 필요한 것이 아니다. 기술혁신 속도가 가속되어가고 사회구조가 격변할수록 정신교육의 역할 또한 더욱 증대된다 하겠다.

2) 일제 치하의 민족교육

일제 치하에서의 민족운동은 그 이전의 사회운동, 성인교육과는 매우 상이한 양상을 띠고 있었다. 궁극적으로 극일을 위한 민족갱생운동으로 전개 되었으므로 사회, 경제적 의의 못지않게 정치적 의의가 매우 컸다. 일제치하의 민족운동은 그 성격으로 보아 무력외교운동에 의한 독립운동과 일제의 동화교육에 대항하는 민족교육운동과 무력항쟁 그리고 민족의 경제적 자활운동 등으로 나눠진다. 무력항쟁의 예로서 만주의 청산리대첩[6]을 들 수 있다. 개화기에 싹튼 교육입국의 사상은 일제 치하에서 수많은 사학의 설립을 보게 하였고 많은 선각자와 단체에 의하여 다양한 성인교육을 전개하는 동인이었다. 많은 사학이 폐교를 당하면서도 교육과정에 항일독립사상을 반영하여 학생들의 민족정신을 고취시켰다. 또한 언론기관의 활동도 한일 합방 이전부터 매우 활발히 이루어졌는데 신문기사를 통한 계몽운동도 꾸준히 전개되었고 브나르드운동은 중지명령을 받기까지 4년간(1931~1934)에 걸쳐서 추진되었다.[7][8]
동아일보사의 브나르드운동(1931-1934) 실적

구분	운동일	개강일	계몽대원	강습지	수강생	배분교재
실적	298일	20,737일	5,751명	1320곳	99,598명	2,10,000부

개화기 이후 오늘날에 이르기 까지 각종 종교단체의 활동이 교육

5) 兪吉濬, 서유견문, 1889를 상계서, P.73에서 재인용
6) 李瑄根, 대한국사10, 신태양사, 1993, 3
7) 차석기, 전게서.
8) 한글학회, 한글학회 50년사, 1971.

발전에 미친 영향이 매우 크다. 1885년에 N. Allen에 의해 설립된 광혜원과 Appenzeller에 의해 설립된 배재학당은 한국 근대사학의 효시이며 그 이후 한일합방 이전까지 이화학당(1886), 숭실학교(1997), 기전여학교(1907) 등 24개의 기독교계 사립학교가 설립되었다. 한편, 개화기와 일제치하에서 국권회복을 위한 경제운동도 국민운동의 한 주류로 이루어졌다. 1907년에 일어난 전 국민의 내핍을 통하여 일본에 대한 채무를 변상한자는 국채보상운동과 1923년에 일어난 물산장려운동 등이 여기에 속한다. 국채보상운동을 제창한 서상돈과 김광제가 발표한 취지는 다음과 같다.

 나 일신만 생각하고 나라를 생각하지 않으면 자함자멸이니 그 좋은 예로는 애급이나 월남 등을 들 수가 있는 즉, 우리가 분발하여 국채일천삼백만원을 지금 갚으면 한국이 망하지 않고 못 갚으면 필연코 망하리니, 삼천리 강도내의 이천만 동포 애국심 일치단결하여 근면 삼 개월 만 하여 기이십전 징출한다면 일천삼백만원은 손쉽게 상환할 수가 있다. 그리하여 독립을 확보하자. 대구에서 시작된 이 운동은 범국민적 호응을 얻어 전국 산간벽지까지 메아리쳤으나 일제의 방해로 실패하였다. 1922년 전국 각지에서 물산장려와 금주금연운동이 여러 단체에 의해 주도되기 시작하여 1923년에는 전국적인 조직인 조선물산장려회가 창립되고 토산장려, 자작자급운동을 대대적으로 전개하였다. 1923년 정초(음력)에 서울의 물산장려회에서 배포한 전단의 내용은 다음과 같다.

내 살림은 내 것으로!

보아라, 우리의 먹고 입고 쓰는 것이 거의 다 우리손으로 만든 것이 아니었다. 이것이 제일 세상에서 무섭고위대한 일인 줄은 오늘에야 우리가 깨달았다. 피가 있고 눈물이 있는형제자매들아!우리가 서로붓잡고의지하여살고서볼일이다. 입어라, 조선 사람이 짠 것을!

먹어라,조선사람이 만든 것을! 쓰라,조선 사람이 지은 것을

한편, 물산 장려회에서 공모한 물산장려가사에 당시 양정고교에 재학생인 윤석중의 작품이 당선되었다. 윤석중은 우리말로 수많은 동요 가사를 작사해서 한글의 보급에 이바지해 왔다.

조선 물산 장려가

윤석중

산에서 금이 나고 바다에 고기
들에서 쌀이 나고 면화도 난다
먹고 남고 입고 남고 쓰고도 남을
물건을 낳아 주는 삼천리 강산

조선의 동포들아 이천만 민아
두 발 벗고 두 팔 걷고 나아오너라
우리 것 우리 힘 우리 재주로
우리가 만들어서 우리가 쓰자

조선의 동포들아 이천만 민아
자작 자급 정신을 잊지를 말고
네 힘껏 벌어라 이천만 민아
거기에 조선이 빛나리로다

물산장려운동 또한 일제의 방해로 오래 지속되지 못하였다. 그러나 개화기 이후 꾸준히 확산되어온 민족교육에 힘입어 우리 민족의 제고된 정신적 지적 잠재력은 일제에 의한 우리 민족 말살정책에도

불구하고 광복 이후 오늘날까지 계발되고 전승되어 왔다. 예컨대 농협의 신토불이 운동을 들 수 있다. 또한 IMF위기 당시 전국적인 금모으기운동은 약 백년전의 국채보상운동과 정신적 맥락을 같이하는 것이다.

2. 일제의 수탈과 농촌 계몽 운동

1). 일제의 수탈과 민족교육

(1). 일제의 수탈

일본은 1905년 을사5조약 체결을 강요하여 대한제국의 국권을 침탈하기 시작했고 1910년 8월 29일 마침내 무력으로 점령하였다. 당시 서울 용산에 일본 군대가 포진하고 있었으며 공포 분위기 속에서 경술국치 조약이 강제 체결되었다 이는 우리민족 역사상 최대의 치욕이고 이후 우리민족은 일제의 잔악한 식민 통치 아래 처참한 생활을 해야 했다.

한반도에 대한 일제의 투자를 한국의 발전에 대한 기여로 왜곡시키는 친일사관이 얼마나 그릇된 논리인가는 한일합병 이후에 한국민의 생활상이 어떻게 변화했는가를 살펴보는 것으로 자명해진다. 발전의 핵심 개념과 MDGs의 제1의 목표가 기아로부터의 해방 (Free from Hunger) 이라는 관점과 박정희 대통령이 새마을운동의 핵심 가치(잘살기)를 빈곤탈출로 정의한 발전의 지표를 기준으로 볼 때 더욱 그렇다.
1910년 합방 당시 우리나라의 전체 농경지 면적은 2,464,904정보로 경지율이 22.2%이었는데 여기에는 논과 밭 그리고 화전이 포함되었다. 그런데 일제는 일본 본토의 식량공급을 위하여 식민지적 농업 수탈정책을 펼침에 따라 농업은 영세화, 소작화, 궁핍화를 면치 못하게 되었다.

토지조사사업(1910~18)은 일제하 우리나라에서 식민지적 토지제도를 확립할 목적으로 실시한 대규모 조사사업이다. 일제는 토지조사사업 결과 우리나라 전국토의 50.4%를 무상으로 직접 약탈해 조선총독부 소유로 만들었다. 그 결과 소작농민들의 관습상의 경작권이 소멸됐다. 또한 일제는 토지조사 사업을 통해 농민들 다수의 권리를 박탈한 데 반해 지주들에게는 배타적 사유권을 인정해 일제와 한국인 지주의 구조적 결탁을 꾀했다.

1910년에서 1918년에 걸친 토지조사사업을 통한 일제의 농지약탈은 한반도의 자영농민으로 하여금 일인의 소작농으로 전략시켰으며 그 결과 1921년에는 200정보이상의 대규모 토지 가운데 70%이상을 일인이 점하게 되었으며 해가 갈수록 그 비율이 높아진 것으로 나타났다. 당시 한국농민의 경제적 몰락은 1920년대 말 자소작과 순소작을 합하여 전농가의 80%를 상회하는 수치로 나타났다.
E. S. Brunner(1928)의보고서에도 1915년부터 1925년까지 10년 사이에 자작농이 11% 감소한 반면 소작농은 20%나 증가하였으며 이와 같은 추세로 간다면 한국농민은 영속적인 농노의 처지로 영락하게 될 것이며 이에 대한 해결의 전망도 거의 절망적인 것으로 기술하고 있다.
토지의 편재로 인한 한국인과 일본인간의 격차는 지세고액납세자 가운데 일인이 차지한 수를 보아도 자명해지는데 1915년과 1925년의 토지소유자, 지세 및 납세자 현황표에서 500원 이상 고액납세자에는 일본인 수가 한국인수보다 2배 이상이나 되는 한편 시가지세 납세자 현황을 보면 그 격차가 더욱 심하고 이런 현상은 1915년보다 1925년에 더욱 두드러지게 나타났다.
도탄에 빠진 한국농민의 참상을 고율의 소작료와 소작료 전납제,

보증금 등이 단적으로 입증해 주고 있는데, 당시의 소작료율이 평균 50%에 달했으며 소작인에게 돌아가는 실질적인 배당은 생산량의 17% 정도밖에 안되었다. 이와 같은 수탈은 농민을 포함한 한국인 전체에 가해졌으며 절대빈곤상태의 농민층으로 하여금 한반도 전역에서 소작쟁의를 유발시켰고 이는 3·1운동과 그 이후의 농민운동발전의 직접적인 한 요인이 되었다.

일제에 의한 한국인의 경제적 불이익은 비단 농민에 국한된 것이 아니었다. 심지어는 동일직종의 노동에서부터 단순기능공에 이르기까지 임금의 격차가 일반화되었고 이와 같은 차별대우는 일제 36년간 원칙적 기준이 되어 **한국인은 일인에 비하여 명목상으로는 1/2, 실질적 가치로는 1/4정도의 보수 밖에 받지 못하였다.**

1920년대 일제의 산미증식운동도 실제로는 일본내 식량부족을 한반도의 기아수출로 해결하고자 한 것이며 한국인의 식량사정은 식량생산의 증가에도 불구하고 매년 악화되어 갔다. 1920년대 말의 쌀 생산량은 1910년대 초에 비하여 28%가 증산되었으나 일제에 의한 기아수출의 결과 1인당소비량은 오히려 35%가 감소되었으니 "쌀이 없는 증산"이었으며 초근목피와 만주로부터의 수입 잡곡과 대두박 등이 대체식량일 수 밖에 없었다. 1930년도 춘궁민 농가호수가 전국적으로 48.3%에 달한 것은 바로 일제에 의한 한국농민의 참상을 나타낸 것이다. 또한 당시의 거지수와 화전민의 증가, 해외 이주민의 증가 등이 모두 위의 내용과 맥락을 같이하는 사실이라 하겠다.

그럼에도 불구하고 일제가 마치 한국의 산업화에 기여한 것으로 호도하는 일부의 주장은 식민통치의 본질에 대해 눈이 멀었거나 일부 매국적 친일파의 후손들과 그 동조자들이 학문의 이름으로 혹세무민하는 것이라 하겠다.

<표 1> 소작관계 비율

연 도	지 주	자 작	자작 겸 소작	소 작
	(%)	(%)	(%)	(%)
1919	3.4	19.7	39.3	37.6
1924	3.8	19.5	34.5	42.2
1928	3.7	18.3	31.9	44.9
1930	3.6	17.6	31.0	46.5

<표 2> 경작규모별 농가호수(1938년도)

경지면적	총 호 수 (단위: 천호)	비율 (%)	소작농 (단위: 천호)	비율 (%)
0.3정보 이하	489	17	301	20
0.3−0.5정보	613	21	253	23
0.5−1 정보	713	25	390	26
소계	1,815	63	1,644	69
1.0−2.0정보	566	20	272	18
2.0−3.0정보	313	11	132	9
3.0−5.0정보	136	5	51	3
5.0정보이상	40	1	13	1
계	2,870	100	1,512	100

<표 3> 연도별 경작지 면적당 호수의 변천

연 도 별 계 층 별	1913년		1937년	
	호 수	비율 (%)	호 수	비율 (%)
5정보 이상	41,552	2	39,798	1
3정보 이상	141,941	6	136,108	5
2정보 이상	259,877	10	312,787	11
1정보 이상	493,286	20	565,617	20
5정보 이상	696,871	28	713,164	25
5정보 이상	865,549	35	1,101,724	38
계	2,499,076	100	2,869,198	100

한편 일제하의 주요 사회정책과 농업개발정책 및 사회운동 등을 살펴보면 다음과 같다.

1910년, 국세조사, 군산에 곡물현물거래시장 설치

1918년, 수원농림전문학교 설립

1920년, 제 1 차 산미증식계획 수립

1921년, 조선사회사업연구회가 조직됨, 방정환이 천도교 소년회 조직

1923년, 조선물산장려회 설립

1926년, 전진한이 협동조합운동 일으킴

1927년, 이상재 등이 신간회 창립, 유영준 등이 근우회 창립, 최정익 등이 조선농민사 설립

1928년, 조선사회사업협회 창설

1929년, 조선일보사가 문맹퇴치운동 전개

1931년, 동아일보사가 브나로드운동 시작

1934년, 산미증식계획 중지

(2). 근대농업교육과 항일운동

근대 농업기술 도입은 1884년에 우리나라 최초의 농업시험장인 농무목축시험장의 설립이라 할 수 있다. 그 후 1899년에 창립된 상공학교는 1904년 농상공학교로 개칭되었다. 1905년 농상공학교 부속 농사시험장 관제를 공포하여 실습포 480정보에서 각종 농사 시험을 행하였다. 1906년 일본 통감부는 농업 기술의 개량과 보급을 위해 수원에 권업모범장을 설치하고 목포에 출장소를 설치하였다. 권업모범장은 기구가 확대되어 각 지역에 출장소와 지장이 설립되었고 농상공학교는 1906년에 농과가 수원농림학교로 분리되었다. 1910년 한일합병에 따라 권업모범장이 조선총독부로 이관되고 수원농림학교를 그 부속 기관으로 통합하여 연구, 교육, 지도의 기능이 단일체제로 개편되었다. 그 후 1918년 수원농림학교가 농림전문학교로 개편되고 1920년 교육 제도 변경에 따라 권업모범장과 분리되었다.

<표4 > 농업학교연혁, 수업년한, 생도수, 입학자격(1914년 5월)

학교명	연 혁	수업 년한	생도 정수	입학자격
청주공 립 농업학 교	1911년(명치 44년) 6월 14일 도 립청주농림학교설립 1911년 11월 1일 청주공립농업학교 개칭	2	100	16~25세 이하로서 보통학 교 4년 졸업자
공주공 립 농업학 교	1910년(명치 43년) 7월 26일 공 립공주농림학교설립 1911년 11월 1일 공주공립농업학교 개칭	2	100	16세이상으로 보통학교 4 년 졸업자
전주공 립 농업학 교	1910년(명치 43년) 3월 14일 공 립전주농림학교설립 1911년 11월 1일 전주공립농업학교 개칭	2	100	상동
군산공 립 농업학 교	1910년(명치 43년) 3월 19일 공 립군산실업학교설립 1911년 11월 1일 군산농업학교로 개칭	2	80	상동
광주공 립 농업학 교	1910년(명치 43년) 4월 20일 공 립광주농림학교설립 1911년 6월 1일 광주공립농업학교 개칭	2	80	15세이상으로 보통학교 4 년 졸업자
진주공 립 농업학 교	1910년(명치 43년) 4월 3일 공립 진주실업학교설립 1911년 진주공 립농림학교로 개칭	2	100	12세 이상 보통학교 4년 졸업자
대구공 립 농업학 교	1910년(명치 43년) 3월 14일 공 립대구농림학교설립 1911년 11월 1일 대구공립농업학교 개칭	2	100	13세이상 보통학교 4년 졸업자로서 산당한 재산이 있어 졸업 후 실제경영할 수 있는 자
해주공 립 농업학 교	1910년(명치 43년) 12월 12일 공 립해주실업학교설립 1911년 11월 1일 해주공립농업학교로 개칭	2	100	12세이상 보통학교 4년 졸업자
춘천공 립	1910년(명치 43년)3월 24일 공립 춘천농업학교설립 1911년 11월	2	100	14세이상 보통학교 4년 졸업자 농업에 종사할 의

농업학교	1일 춘천공립농업학교로 개칭			지가 공고한 자
평양공립농업학교	1910년(명치 43년)3월 14일 도립 평양농업학교설립 1911년 11월 1일 평양공립농업학교로 개칭	2	100	12세이상 보통학교 4년졸업자 상당한 재산있는 자
의주공립농업학교	1910년(명치 43년) 5월 18일 도립의주실업학교 설립 1911년 11월 1일 의주공립농업학교로 개칭	2	100	12세이상 보통학교 4년 졸업자
영변농업학교	1910년(명치 43년) 5월 18일 공립영변실업학교 설립 1911년 11월 1일 영변공립농업학교로 개칭	2	100	상 동
함흥공립농업학교	1910년(명치 43년) 4월 8일 도립 함흥농업학교 설립 1911년 11월 1일 함흥공립농업학교로 개칭	2	100	상 동 재학중 가정에서 학비지원이 확실한 자
북청공립농업학교	1910년(명치 43년) 8월 25일 북청공립실업학교 설립 1911년 11월 1일 북청공립농업학교로 개칭	2	100	12세이상 보통학교 4년 졸업자 상당한 토지재산이 있는 자
계		28	1340	

자료: 예농 80년사, 1990

오늘날에도 전국적으로 연간 소득 1억원 이상의 부농가가 많은 공주와 예산에 공주농림학교(1920년 설립)와 예산 농업학교(공주농림학교가 1922년에 예산으로 이전)가 설립된 것도 이와 무관하지 않을 것이다. 설립당시와 1930년대 5년제의 교육과정을 살펴보면 다음과 같다.

<표 5> 농업학교 교과과정 매주 수업시간표1911년 11월

교 과 목	제 1 학 년		제 2 학 년		계
	시간표	과 정	시간표	과 정	
수신	1	수신의 요지	1	좌 동	2

	과목	시수	내용	시수	내용	계
농업	작물병충해	1	해충	1	병리	2
	작물	5	작물통론, 보통작물, 특용작물	3	원예작물	8
	비료			2	비료의 종류, 성질, 용법	2
	토양과농구			2	토양의 구성, 분류, 성질, 토지개량, 농구	2
	양잠	2	재상, 사육	3	사육, 잠체생리, 잠체병리, 채종	5
	축산			2	가금, 가축의 종류, 관리, 번식사양 및 양봉	2
	농산제조			1	농산제조법	1
	산림	2	조림	3	조림, 모호, 축수	5
	측량			1	측정법	1
	경제와법규				농업경제, 농업법규	
일본어		4	읽기, 해석, 회화, 쓰기, 작문, 서예	4	좌 동	8
조선어와 한문		2	읽기, 해석, 쓰기, 작문	1	좌 동	3
수학		2	산술, 주산	2	좌 동	4
생물		4	식물 및 식물생리 및 동물			8
이과		2	물리 및 기상			
		2	화학(유기,무기)및 광물			
체조		1	보통체조, 기계체조			
계		28		28		56

자료 : 예농 80년사, 1990

  일제의 혹독한 착취 속에서도 민족지도자들은 항일과 친일의 두 부류로 나누어지게 된다. 1920년대 초에 항일은 다시 무력 항쟁의 노선을 택한 좌파와 비혁명적 개량주의 노선의 우파로 나뉘게 된다. 우파는 일본 통치자와의 정면 충돌을 피하고 교육, 산업, 문화의 향상을 수단으로 실력향상을 지향했다. 그런데 1924년경에는 민족 개량주의적 논리가 뚜렷이 대두 되면서 일제의 뜻대로 독립불능

론의 논리적 전개로 이용당하기도 하였다.

<표 6> 5년제 예산농고 교과과정 및 주당 시간표

과 목	과 정	학 년				
		1	2	3	4	5
수 신		1	1	1	1	1
국 어	읽기, 해석, 쓰기, 문법, 습자, 작문	4	4	4	4	4
조선어 및 한문		3	2	2		
수 학	산술, 기하, 대수, 삼각	3	2	2	2	2
측 량						3
문 화	물리, 기상, 화학, 농공	3	2	2	2	
지리 및 역사		2	2	2		
박 물	동물, 식물, 인체생리, 식생	3	2			
영 어		3	3	3	3	3
법 경	법경, 농경, 농법, 부기					2
도 서		1	1			
체 조		1	1	1	1	1
작 물	농본, 원예, 특작, 작범, 보통작물, 화초, 품종개량	4	3	3	3	
병 충 해					2	2
토 비	토양, 지질, 비료, 토목			2	2	2
양 잠	제상, 제종, 사육, 병리, 제사		3	3	3	3
농 본					1	1
삼 림	조림, 이용, 측수, 보호			1	2	
계		28	28	28	28	28
실 습		10	10	10	10	10
합 계		38	38	38	38	38

자료 : 예농80년사, 1990

 그럼에도 불구하고 1920년대와 1930년대를 통틀어 독립을 위한 무력 항쟁과 민족 운동의 잠재력 개발을 위한 각종 성인 교육과 경제 조직화는 그 명맥이 끊이지 않고 지속되었는데 이를 정리해 보면 다음과 같다. (인주승, 1992)

○잡지의 투쟁- 무수히 발간된 유명무명의 잡지 등 <개벽>, <신생활>,<신천지> 등이 가장 투쟁적이었는데 특히 천도교의 개벽사는

독립투쟁과 신문화운동을 목표로 하였다.

○교육진흥운동- 민족 지도자 등에 의한 학교 설립과 잡지 발간을 통한 성인교육이 활발히 대두 되었다. 기독교 측과 신문사 중심으로 한 문맹퇴치운동은 문자해득 뿐만 아니라 농민의 의식화에도 역점을 두었다.

○산업진흥운동 - 일제의 착취에 대항하여 민족의 산업개발을 위해 자작자급, 국산장려, 소비절약, 금연 금주운동, 협동 조합운동 등의 조직화로 전개되었다.

○농촌계몽운동 - 민족의 절대 다수가 가난한 농민이었던 당시에 교육 운동의 주 대상은 당연 농민이 된다. 1935경 일제 탄압으로 중단되기까지 1920년대 이후 약 15년간 활발히 추진되었다.

한편 민중 속으로 라는 뜻의 브나로드 (V narod)운동은 1860년 대와 1970년대에 러시아의 지식인들 사이에서 일어난 농촌계몽운동이다. 일제하 조선에서도 1920년대에 전국 각지에서 민족 지도자들이 농촌계몽운동을 벌였다. 1930년대에 동아일보에서 벌인 브나로드운동과 조선일보사의 문자보급운동 조선농민회의 야학운동 등이 활발히 추진되었다. 이와 같은 문해교육을 통한 계몽운동과 더불어 빈곤탈출을 위한 자력갱생운동도 활발히 전개되었다. 예컨대 기독교회의 하계성경학교운동 조선어학회의 한글강습과 문자보급운동 등이 주요 농촌계몽운동으로 꼽힌다. 이들 가운데 가장 조직적이고 전국적인 규모의 농촌계몽운동은 조선일보사의 귀향남녀학생 문자보급운동과 동일보사의 학생 하계 브나로드운동이다. 또한 계몽주의 사상가들에 의한 농촌 계몽운동도 전국 각지에서 이루어 졌다 윤봉길 의사의 농촌부흥운동과 김용기 장로의 이상촌운동 등을 들 수 있는데 심훈의 상록수 정신과 더불어 윤봉길의사의 농촌부흥운동 및 일가 김용기의 가나안 농군학교 등을 살펴보면 다음과 같다..

2). 심훈과 상록수 정신

(1). 심훈의 생애

 심훈의 생애는 <심훈의 재발견>(백승구, 1985)과 <상록수와 최용신의 생애>(심훈 저 인주승편 1992) 등 관련문헌 등에 상세히 나와 있다.

 심훈은 1901년 9월 12일에 경기도 시흥군 신북면 노량진리 (수도국 자리)에서 3남 1녀 중 막내로 태어났다. 그의 아버지 심상정은 은로보통학교 교장과 신북면장을 역임하고 1930년 가을 조상전래의 농토가 있는 충남 당진군 송악면 부곡리로 귀향하였다. 외조부 윤현구는 조선말 3대 문장가 윤희구의 당내로 서, 문, 화에 능했다.

 큰형 심우섭은 휘문의숙 1회 졸업생으로 총독부 기관지 매일신보의 기자와 경성 방송국 과장을 지냈다. 이상협, 이광수, 최남선 등과 교분이 두터웠고 <산중화>, <형제> 등의 소설을 발표하기도 하였다. 작은 형 심명섭은 선린상업학교 졸업 후 잠시 한성은행에서 근무하였다. 후에 동경의 청산학원 신학부를 졸업하고 서울, 예산 홍성 등에서 목사 생활을 하였고 경성 감리교 신학교 부교장직을 역임했다 . 심명섭은 신문에 연재되다 일경에 의해 중단된 심훈의 미완성 소설< 불사조>를 자신이 완결하여 1949년 발간하고 심훈의 시집 <그날이 오면>도 그의 주선으로 발간하였다.

<표7> 심훈의 생애

1901	9. 4	경기도 신북면 노량진리 에서 출생
1919.		3.1 운동에 참여 6개월간 옥고 치룸
192?		중국으로 망명 우당 이회영 댁에 기거후 지강대학에서 수학
1923		동아일보, 조선일보, 조선중앙 일보에서 기자 생활
1926		동아일보에 영화 소설 <탈춤> 연재
1927		<먼동이 틀 때>를 원작, 각색, 감독
1930		충남 당진의 '송악'에 필경사를 짓고 집팔 활동
		<동방의 애인>조선일보에 연재

1931	<불사조> 조선일보에 연재
1933	<영원의 미소>조선 중앙 일보에 연재
1934	<직녀 성> 조선 중앙 일보에 연재
1935	<상록수> 동아일보 창간 15주 년 기념 소설에 당선
1936	사망

(2).심훈의 작품과 사상

심훈은 경성제일고보(경기고등학교) 재학시 3.1운동에 참가하여 약 6개월간 감옥살이를 하였다. 감옥에서 쓴 편지 <어머니께>는 문인 으로서 애국자로서의 심훈의 진면목이 드러난 첫 작품이다. 출옥 후 중국으로 가서 두 달 동안 우당 이회영 선생 댁에서 기거하였 다. 그리고 지강대학에서 수학하고 귀국 후 1923년부터 동아일보, 조선일보 및 조선 중앙일보에서 기자생활을 하면서 시와 소설을 발 표했다.

1926년 동아일보에 영화소설 <탈춤>을 연재한 것이 계기가 되어 영화계에 투신, 이듬해에는 < 먼동이 틀 때 > 를 원작, 각색, 감독 하였다. 1930년에는 <동방의 애인>, 1931년에는 <불사조>를 각각 조선일보에 연재하고 1933년에는 <영원의 미소>, 1934년에는 <직 녀성>을 조선 중앙일보에 연재했다.

농촌계몽소설<상록수>가 동아일보 창간 15주년 (1935년) 기념 현 상소설에 당선 되면서 크게 각광을 받았다. 이 소설은 당시의 시대 적 풍조였던 브나로드 (Vnarod)운동에 참여한 남녀 주인공의 숭고 한 계몽 정신과 남녀 간의 헌신적 애정을 묘사한 작품으로서 오늘 날에도 남한과 북한에서 모두 널리 읽히고 있다. 민족주의운동으로 서 1931년에 동아일보가 민중의 계몽을 목표로 제창한 브나로드 운동과 정신적으로 그 맥락을 같이 한 작품이 바로 이광수의 <흙> 과 심훈의 <상록수>였다.

<상록수>는 신문사가 주최한 학생들의 하계 농촌계몽운동 보고회 에 대표로 나와 보고를 한 박동혁과 채영신을 남녀 주인공으로 등

장시킨다. <상록수>는 브나로드 운동의 시범작으로 발표된 이광수의 <흙>의 시혜적 태도를 뛰어 넘은 점, 작가 심훈이 염군사의 구성원이었으며 이미 널리 알려진 기성 작가라는 점, 그리고 실재 인물을 모델로 한 작품 이라는 점에서 문제작으로 알려져 있다. 그런데 주인공의 모습이 매우 미화되고 있고, 영웅과 미인이 등장하고 선과 악의 대결구도의 줄거리를 갖는 전설이나 고전의 구성과 유사하다.

<상록수>가 갖는 문학적 가치와 애국지사로서 성인교육자로서의 문화 컨텐츠 개척자로서 심훈에 대한 높은 평가는 남북한에서 공통으로 공감 받기 충분하다 하겠다.

또한 지식인과 지주 등 지배 계급의 상당수가 매국의 대열에 동참했던 일제하에서, 형극의 길을 자초한 심훈의 생애를 보면 심훈이 노블리스 오블리쥬의 한 전형임이 자명해 진다하겠다.

심훈은 36년간의 짧은 생애에도 불구하고 시와 소설, 영화 등 여러 장르의 예술에 큰 족적을 남겼다. 그는 단순한 예술가에 머물지 않은 독립 운동가요. 민족주의 교육 사상에 투철한 성인 교육자 였다. 일제하의 질곡에서 민족의 독립을 위해 3.1운동에 참여 하였으며 생명을 사루어 암울한 시대를 밝히려 했던 민족의 지도자였다.

작가는 작중 인물을 통해 작가의 사상, 가치를 대변하고 작가의 사상은 시대정신을 반영한다고 볼 수 있다. 그리고 작가의 사상에 영향을 미친 시대정신은 그 시대를 이끌어 가는 사상적 지도자로부터 영향 받는 것으로 볼 수 있다. 심훈의 사상은 1920~30년대의 사회상과 당시 그와 교분을 가진 우당 이회영과 같은 민족 지도자로부터의 영향이 그의 정신적 성장의 토양이 되었을 것으로 판단된다.

다음 시는 1930년 3월1일에쓴 심훈의 대표작인<그날이 오면>이다 한용운의 <님의침묵>이 모호하고 여성적인 싯적 표현인데 비하여 모골을 송연하게 할 만큼 그의 애국심이 가슴에 와 닿는 감동을

남성적인 시이다

그날이 오면
심 훈

그날이 오면, 그 날이 오며는
삼각산이 일어나 더덩실 춤이라도 추고
한강 물이 뒤집혀 용솟음칠 그 날이
이 목숨이 끊기기 전에 와 주기만 하량이면
나는 밤하늘에 날으는 까마귀와 같이
종로의 인경을 머리로 들이받아 울리오리다.
두개골은 깨어져 산산조각이 나도
기뻐서 죽사오매 오히려 무슨 한이 남으오리까.

그날이 와서 그날이 와서
육조 앞 넓은 길을 울며 뛰며 뒹굴어도
그래도 넘치는 기쁨에 가슴이 미어질 듯하거든
드는 칼로 이 몸의 가죽이라도 벗겨서
커다란 북을 만들어 둘처메고는
여러분의 행렬에 앞장을 서오리다.
우렁찬 그 소리를 한 번이라도 듣기만 하면
그 자리에 꺼꾸러져도 눈을 감겠소이다.
- 1930년 3월1일 -

(3).이회영과 심훈

우당 이회영은 백사 이항복의 후손으로 구한말부터 1930년대 초
반까지 국내 및 만주, 중국본토 등지에서 활동한 대표적인 민족운
동가의 한 사람이다. 그는 이미 개화이전에 노비해방, 적서타파, 개
가와 재혼을 장려했고 이를 몸소 실천한 선각자이다.
이회영은 1867년 4월 21일에 이조판서를 지낸 경주이씨 유승 공

의 4남으로 출생하였다. 그는 1910년 일제에 의하여 조선이 강점되자 만주에 독립운동기지를 건설, 무장투쟁을 통하여 독립을 쟁취하고자 하였다. 그 일환으로 1910년 12월말과 1911년 1월에 걸쳐 1만 여석의 재산을 휴대하고 서간도 지역으로 망명하였다. 이때 망명한 사람은 6형제 전 가족 40여명이나 되었다. 이를 두고 월남 이상재가 다음과 같이 평하고 있다(이정규 외. 1985).

> 동서 역사상에 나라가 망할 때 망명한 충신의사가 비백비천이지만 우당군과 같이 6형제 가족 40여인이 한 마음으로 결의하고 일제히 나라를 떠난 사실은 예전에도 지금도 없는 일이다. 그 의거를 두고 볼 때 우당은 이른바 유시형이요, 유시제로구나, 진실로 6인의 절의는 백세청풍이 되고, 우리 동포의 절호 모범이 되리라 믿는다.

서간도 지역으로 망명한 이회영은 경학사와 신흥강습소 등의 독립운동단체를 조직하여 독립운동기지를 마련하고자 하였다. 일제의 관심이 만주로 집중된 틈을 이용하여 1913년 정월 초순에 국내에 잠입, 군자금 모집활동을 전개하였다. 또한 이회영은 1918년에는 고종을 국외로 망명시켜 고종을 정점으로 독립운동을 전개하려는 계획을 세우기도 하였으나 고종의 사망으로 이 계획은 실패로 돌아가고 말았다. 민족적 무정부주의 사상을 수용한 이회영은 북경의 재중국조선무정부주의자연맹(1924), 남경의 동방무정부주의자연맹(1928), 상해의 남화한인청년연맹(1930) 등 무정부주의 단체에서 대일투쟁을 전개하였다.(김광한, 1998; 박환, 1998).

이처럼 활발한 활동을 보이던 이회영은 만주지역에 연락근거지를 확보하고 정보를 수집하는 한편 지하조직을 결성하고 관동군 사령관을 암살하려는 계획을 추진하고자 1932년 11월 중순 단신으로 대련으로 향하였다. 그러나 대련에 도착 즉시 대련 수상경찰서의 특무요원에게 체포되어 계획을 실행해 보지도 못한 채, 동년 11월

17일에 고문 끝에 독립운동가로서의 일생을 마치게 되었다.

　한편 3·1운동 후 감옥에서 풀려난 19세의 심훈이 북경에서 53세의 이회영선생을 만나 한동안 침식의 도움과 지도를 받았던 기억을 수년 후 「인자하시던 그 위풍」이라는 주제로 추도의 글을 썼다(김광한, 1998). 이 글은 심훈이 단제 신채호의 부음을 듣고 우당선생을 위한 추모의 글을 쓴 것이다. 이 글을 보면 우당선생에 대한 심훈의 추모의 정이 어떠한가를 충분히 짐작할 수 있다. 또한 민족의식과 학구열이 왕성한 19세의 심훈이 고매한 인격과 학식을 갖추고 민족독립을 위한 다양한 대안을 몸소 실천해 오고 있던 53세의 완숙한 경지에 달한 우당선생과의 만남은 훗날 심훈이 조선·동아 양대 민족지에 근무하고 민족주의 시와 농민소설을 집필하는 데 중요한 사상적 토양이 되었을 것이다.

필경사 잡기② 단제와 우당(下)

　북경서 지내던 때의 추억을 더듬자니 나의 한 평생 잊히지 못할 또 한분의 선생님 생각이 난다. 그는 수년전 대련서 칠십 노구를 자수로 쇠창살에 대달려 이미 고혼이 된 우당 선생이다.

　나는 맨 처음 그 어른에게로 소개를 받아서 북경으로 갔었다. 부모의 슬하를 떠나보지 못하던 19세의 소년은 우당장과 그 어른의 영식인 규룡씨의 친절한 접대를 받으며 월여를 묵었었다. 조석으로 좋은 말씀도 많이 듣고 북만에서 고생하시던 이야기며 주먹이 불끈불끈 쥐어지는 소식도 거기서 들었는데 선생은 나를 막내아들만큼이나 귀여워해 주셨다. 이따금 쇠고기를 사다가 볶아놓고 겸상을 해서 잡수시면서

　　「어서 먹어, 집 생각 말구.」

　하시다가 내가 전골냄비에 밥을 푹 쏟아서 탐스럽게 먹는

것을 보시고는

「옳지, 사내 숫기가 그만이나 해야지.」

하시고 여간 만족해하시는 것이 아니였다.

그러나 내가 연극 공부를 하려고 블란서 같은 데로 가고 싶다는 소망을 들으시고는 강경히 반대를 하였다.

「너는 외교가가 될 소질이 있으니 우선 어학에 정진하라.」

고 간곡히 부탁을 하였다(무슨 일이나 다 되는 줄 알엇든 때엿지만…).

「리마 ――」하고 중국인 하녀를 부르시던, 서울 양반의 악센트가 붙은 음성이 지금도 귀에 쟁쟁하지만, 어느 날 아침은 세수한 뒤에 못에 걸린 수건이 얼른 떨어지지를 안허서 앉은 채로 부―ㄱ 잡아 내리 찢는 것을 보시고

「사람은 그렇게 성미가 급하면 못 쓰니라」고 꾸짖으시며, 일부러 커다랗게 눈을 부릅떠 보이시던 그 인자하신 눈! 그 눈동자는 바로 책상머리에서 뵙는 듯 하다.

그러나 나는 몹시도 외로웠다. 막내아들이라 응석받이로 자라던 나는, 허구헌날 집 생각만 하였다. 남에게 눈물을 보이지 안하려고 변소에 가서 울기를 몇 번이나 하였었다. 그 당시에 「고루의 삼경」이라고 제한 신시 비슷한 것이 있기에 묵은 노트의 먼지를 털어 본다.

눈은 싸히고 싸혀
객창을 길로 덮고
몽고 바람 씽씽 불어
왈각달각 잠 못 드는데
북이 운다. 종이 운다.

대륙의 도시 북경의 겨울밤에.
          ×
화로에 메췰도 꺼지고
벽에는 성에가 슬어
창 우에도 어름이 깔린 듯.
거리에 땡그렁 소리 들리잖으니
호콩장수도 고만 얼어주었다.
          ×
입쌀 꼭 깨물고
이 한밤만 새우고 나면
집에서 돈표 든 편지나 올가.
만두 한 조각 얻어먹고
긴긴 밤을 달달 떠는데
고루에 북이 운다.
떼 – ㅇ 떼 – ㅇ 종이 운다.
                1919. 12. 19日

　두 달 만에야 식비가 와서, 나는 우당댁을 떠나서 동단패루에 있는 공우로 갔다. 허고헌날 도야지 기름에 들볶아 주는 음식에 비위가 뒤집혀서 조반을 그대로 내보낸 어느 날 아츰이었다. 뜻밖에 양털을 바친 마과를 입고 모발이 반백이 된 노신사 한분이 양차를 타고 와서 나를 심방하였다. 나는 어찌나 반가운지 한달음에 뛰어 나가서 벽돌 바닥에 두 손을 짚고 공손히 조선 절을 하였다. 그리고 노인이 손수 들고 들어오시는 것을 받아 들었다. 그 노인은 우당 선생이셨고, 내 손에 옮겨 들린 조그마한 항아리에서는 시큼한 통김치 냄새가 끼쳤다.

　눈 감고 손꼽으니, 벌써 十有六년전, 그 동안 나는 일개 정신적

룸펜으로 전전하여 촌진과 척취가 없다가 근년에는 오로지 미감의 資를 얻기 위하여 매문의 도가 되어 버렸다.

단재의 詩를 접한 오늘, 풍운이 창 밖에 뒤설레는 깊은 밤에 우당 노인의 최후를 아울러 생각하니 내 마음 울분에 터질 듯하야 조시 몇 귀를 지었다. 그러나 발표할 길이 없으니

「愁極本憑詩遺興 詩成吟詠轉凄凉」

을 두 번 세 번 읊을 뿐 --(동아일보, 1936. 3. 13).

(수심의 극치는 원래 풍당의 시에 남아 있는데 시를 짓고 읊조리니 더욱 처량해질 뿐(풍당: 한나라 문제 때 당관을 지낸 안능 사람으로, 위대하나 세상에 제대로 쓰여지지 않았다고 평을 빔았다.)

이 수년간 그는 계몽적 농민소설 집필에 매진했다. 그의 작품을 중심으로 민족주의 성인교육사상자로서 그의 사상을 조명이 가능하다. 심훈을 사상적으로 조명해 보는 데는 그의 작품들을 대상으로 내용분석에 의존하는 것이 한 방법이 될 것이기 때문이다. 상록수로 대표되는 그의 계몽사상은 수원(서울대 농대)과 당진과 안산을 중심으로 전국으로 파급 되었다.

3). 윤봉길 의사의 농촌부흥운동

(1).윤봉길 의사의 생애와 사상

윤봉길의사는 1908년 6월 21일에 충남 예산군 덕산면 시량리에서 윤황과 김원상 부부의 장남으로 태어났다. 본명은 우의였으며 봉길은 별명이고 자는 기, 호는 아호를 매헌이라 했다.
그의 일생은 25세를 일기로 한 짧은 생애였으나 그가 민족사에 남긴 자취는 시간적 제약을 뛰어 넘는 것이다. 그의 일생을 단계적 특징에 따라 3단계로 구분한다면 제 1기는 6세에서 19세까지 13년간 수학기이고 제 2기는 19세에서 23세까지 만 4년간의 농촌부흥운동기이며 제3기는 23세에서 25세 순국시 까지의 망명항일운동기

라 하겠다. 이와 같이 구분할 때 이들 서로 다른 기간에 있어서 그의 인생이 서로 상충되는 것이 아니라 애국에 피 끓는 젊은 성인교육자가 일제의 수탈적 억압하에서는 항일혁명가로의 외적 변신이 당연한 귀결로 보아야 할 것이다.

윤봉길 의사는 항일 무력 혁명가이기 이전에 향토와 민족을 사랑한 계몽주의적인 성인교육자 이었으며 시인이었고 또한 유능한 청년 지식인들과 주민들의 역량을 결집할 줄 아는 뛰어난 농촌지도자였다.

윤봉길의사는 서숙생활을 마친 직후인 19세부터 그의 동료들과 함께 다양한 성인 교육활동을 통해 농촌부흥 운동을 벌였다

- 문맹퇴치를 위한 야학
- 농가소득 위한 부업양돈
- 구황을 위한 고구마재배 등의 장려
- 협동정신의 생필품 공동구관
- 유휴지 활용을 휘한 식목운동
- 체력증진을 위한 체육활동 등
- 이들 사업을 통한 주민의 의식화 및 동원을 위한 월진회의 조직과 활동

한편 그의 교육사상과 가치관은 그가 저술한 <농민독본>에 상세히 나와 있다. 또한 그가 마지막으로 지은 시, "신공원에 답청하여"에는 의사의 기개가 잘 나타나 있다.

<표8 > 윤봉길의사의 연보

1908. 6. 21.	시량리 178에서 출생
1913	최병대 서당에서 한문수학 (6세)
1918	덕산보통학교 입학(11세)
1919~1920	보통학교 자퇴 후 양봉교습 받음(12세)
1921	성록주의 오치서숙에서 한문수학(14세)
1922	결혼
1926	서숙생활 마치고 문맹퇴치운동(19세)

1927	농민득본저술 (20세)
1928	시조사 기자와 접촉,부흥원 건립 (21세)
1929	월진회 조직(22세)
1930.3.6	만주행 (23세)
1931	김구와 접촉 (24세)
1932.4.29	홍코우공원의거, 오오사까에서 순국(25세)

자료: 매헌윤봉길의사기념사업회. 매헌연보, 1982, 동아일보사, 개항 100년

연표자료집, 1976 임중빈, 천추의열 윤봉길, 인물연구소 1975등을 참고로

작성

<표 9> 농민독본의 내용과 교육목표

2권			3권		
과	주제	교육목표	과	주제	교육목표
제1과	인사투	인화	제1과	농민과 노동자	평등사상, 공리사상
제2과	격언	교양	제2과	양반과 농민	평등사상
제3과	편지	인화	제3과	자유	집단우위의 자유사상
제4과	영운의 야심	성취동기유발	제4과	농민	농본주의
제5과	낙심말라	성취동기유발	제5과	소금과 사탕	과학관, 유통경제관
제6과	백두산	애향, 애국, 자주독립	제6과	농민과 공동정신	유통경제관, 협동정신, 애향, 애국, 자주독립정신
제7과	조선지도	애향, 애국, 자주독립	제7과	링컨의 고학	성취동기유발
제8과	기경한 현대	사회적응			

신공원(新公圓)에서 답청(踏靑)하여

처처(妻妻)한 방초(芳草)여

명년(明年)에 춘색(春色)이 이르거든
왕손(王孫)으로 더부러 같이 오세

청청(靑靑)한 방초(芳草)여
명년(明年)에 춘색(春色)이 이르거든
고려강산(高麗江山)에도 다녀가오
다정(多情)한 방초(芳草)여

금년(今年) 사월 이십구일(四月 二十九日)에
방포일성(放砲一聲)으로 맹서(盟誓)하세.

주(註) : 이 시는 의사께서 1932. 4. 27일 홍코우 공원을 거닐면
서 마지막 지으신 시이다.

(2).농촌부흥운동의 동지들과 농업교육

한학을 학습한 윤의사가 농업기술을 지도할수 있었던 것은 그의 주
변에 예산농업학교(5년제)에 재학중인 의형제, 황종진 등과 고등교
육을 받은 그의 종형제들이 있어서 가능했을 것이다.
○ 종형제 : 윤순의, 윤신득, 윤세희
○ 의형제와 지기들 : 황종진, 정종갑, 정종호, 이민덕, 윤세희**(3).월
진회의 현황**
 매헌 윤봉길 기념사업은 충의사와 도중도 일대에서 연례행사로 개
최되는 윤봉길 문화축제 (매년 4월 29일에 개최)가 주요 사업이
다. 그런데 2010년부터 이우재 월진회장이 월진회를 법인화하고 연
례행사 외에 다양한 월진회의 사업을 국제화하고 향후 지속적으로
추진할 핵심 사업으로 청소년교육과 농민교육을 계획하고 있다.

4). 일가 김용기의 생애와 가나안 농군학교

(1). 김용기의 생애와 사상

일가 김용기 장로는 생전에 한손에는 성경을, 한손에는 괭이를 들고 한평생 황무지 개척을 위해 살았다. 또한 농민의식과 농촌의 발전을 통한 조국의 광복을 위해 애썼고, 해방 후에는 성인교육 및 민족운동에 힘쓰는 한편, 신앙의 생활화 운동에 온 생애를 바쳤다.

가나안 농군학교는 이러한 김용기 장로의 뜻 아래 물질적 궁핍과 정신적 빈곤으로 나날이 황폐화 되어 가는 인간과 사회를 구원할 수 있는 지도자를 양성하기 위하여 설립되었다.

"우리의 영은 하나님께서 주시는 생명의 젖줄을 받아야 살고, 우리의 육은 땅에서 나는 농산물의 영양을 섭취해야 살 수 있다. 그래서 인간은 흙에 의존해서 신을 공경하고 이웃을 사랑하며 살아야 한다."

-저서<가나안으로 가는 길>에서-

<표10> 일가 김용기의 생애와 업적

1909년	경기도 남양주군 조안면 능내리 봉안촌에서 출생 (9월 5일)
1930년	광동학교 (전문과정)졸업
1931년	1.'제1차개척지 봉안이상촌'(경기도 남양주군 와부면 능내리) -황무지 개간, 식생활 개선, 농업기술보급. 농민교육, 독립운동 2. 봉안교회 개척
1946년	1. '제2차개척지 삼각산농장' 건설 (서울특별시 서대문구 구기동) -농민연구와 준비, 농장 개척 2. 에덴교회 개척
1950년	1. '제3차개척지 에덴향' 건설(경기도 용인군 원산면 사암리) -농장개척, 농민교육 및 농촌사회개혁운동 2. 에덴교회 개척
1954년	1. '제4차개척지 가나안농장' 건설(경기도 하남시 풍산동) 2. 가나안 교회 개척

1962년	1. '제1가나안농군학교' 설립 (경기도 하남시 풍산동) -인간의 근본인'효'사상을 중심으로 가정이나, 기업에서 필요한 강인한 정신교육과 절약, 검소, 부지런한 생활 등 생활의 기본이 되는 자세와 태도에 대하여 농군학교의 생활철학을 직접 체험하는 생활교육 등을 실시☞ 기업체, 공기업, 관공서, 금융기관, 의료기관, 학교, 군부대, 농업계 등을 대상으로 현재 까지 약 70만명(제1,2학교 포함)의 교육생을 배출함.
1966년	막사이사이상(사회 공익부문) 수상
1973년	1. 제2가나안농군학교' 설립 (강원도 원주시 신림면) 2. 신림가나안교회개척 3. 제1회 인촌문화상 수상
1974년	'가나안복민연구소' 발족
1978년	'가나안신용협동조합' 설립
1980년	'가나안세계효실천연구회'설립
1988년	일가 김용기 선생 서거. 일가 상 제정(1990년)
1989년	'가나안청소년교육원' 설립 (청소년을 대상으로 정신교육, 생활교육, 질서교육, 근검절약 정신 함양)
1998년	제1가나안농군학교 부설'가나안효도학교' '가나안노인대학'설립 (범국민 효도실천운동 및 '효'사상 고취 교육)
2005년	'가나안세계효실천연구회'를 '가나안세세효운동본부'로 개명

일가 김용기의 사상은 그의 강연과 저술내용에 잘 드러나 있다. 이 가운데 <우리겨레는 이때 이렇게 살자>는 13가지의 가르침에는 근검절약하고 실질을 숭상하여 빈곤에서 탈출하되 기독교 신앙심으로 도덕적으로 건강한 사회를 건설하자는 것이다.

우리겨레는 이때 이렇게 살자

① 음식 한 끼에 반드시 4 시간씩 일하고 먹자.
② 버는 재주 없거든 쓰는 재주도 없도록 하자.
③ 억지로 못살지 말고 억지로 잘 살도록 하자.
④ 물질과 권력과 지식과 기술을 바로 쓸 줄 아는 국민이 되자.
⑤ 물질의 빚이나 마음의 빚을 지지 말자.

⑥ 우리 국민의 뛰어남을 말과 마음과 일과 행동으로 드러 내자.

⑦ 외모만을 아름답게 단장 하지 말고 마음을 더 아름답게 단장하자.

⑧ 시대적인 외세의 유행을 따르지 말고 우리국민의 시대 적인 감각을 바로 살리자.

⑨ 국토 통일보다 먼저 가정과 단체 통일을 빨리 하자.

⑩ 반공. 승공의 같은 빈궁을 먼저 막아야 한다.

⑪ 하라고 하는 국민이 되지 말고 하는 국민이 되자.

⑫ 육체의 잠이 깊이 들면 물질의 도적을 맞게 되고 민족사상의 잠이 깊이 들면 영혼이 멸망케 되니 늘 깨어 살자.

⑬ 창조주 하나님을 외국 사람에게 빼앗기지 말고 우리 국민의 아버지 삼자.

이와 같은 일가 김용기의 사상은 그가 작사한 <복민회가>에도 잘 드러나 있다.

복 민 회 가

-김용기 작사-

-이흥렬 작곡-

1절: 물-질문명 과 과학만능 치솟는 자-랑-
검은연기 푸른불길 말세의-증상-
인류사회 천하 만민 어둠에 잠겨-
어리둥절 방황하며 살길을 찾--네-

2절: 인-종색깔 영토국경 끝없는싸-움-
종교종파 주의주장 극렬한-투-쟁-
백년미만 짧은인생 어디로 가나-
오늘구원 구주예수 영생의길--로-

3절: 인-류빈궁 공동의적 낭비와 태-만-
분열불화 평화의 적 시기와-질투-
이기주의 사랑의 적 탐욕과 증오-
근로 봉사 희생 으로 싸-워이-기세-

후렴: 무궁 세계 향해가는 복 민 주의로-
부름 받아 나선 동기 복 민대-열로-

(2). 가나안농군학교

가나안농군학교는 이 나라와 이 민족의 주체성을 확립하고 민족정
신을 수립하기 위하여 정신교육, 신앙교육, 공동체교육, 지도자 교
육을 실시하는 심신수련장으로 설립된 사회교육기관 이다. 1962년
경기도 하남 풍산에 설립된 <제1가나안농군학교>는 1931년 일가
선생의 고향인 봉안촌에서 황무지 개척의 첫 삽을 뜨면서부터 싹튼
이상촌 건설운동의 정신을 이어받아 설립되었으며, 그후 정신적 빈
곤과 물직적 빈곤을 동시에 몰아낼 수 있는 사회지도자를 양성해야
할 시대적 과제를 해결하는 데 큰 기여를 해오고 있다.

경기 하남시 황산동 소재 제1가나안 농군학교

　1973년에는 강원도 원주 신림에 <제2가나안농군학교>가 세워졌
다. 그 이후 지금까지 수십만명의 수료생들에게 복민주의 이념을
교육하여 '참 살길'에 대한 지혜를 일깨워 주고 있다.

　초기에는 농민교육으로 시작되었으나 산업화에 따라 많은 산업체
근로자를 비롯해서 교육자, 공무원, 의료인, 종교인, 학생들에게까지
다양한 사회교육을 실시하고 있는 <가나안농군학교>는 구내외적으
로 계속 <일가재단>과 함께 복지사회 건설 노력을 확산해 가고 있
는데 해외 농군학교를 살펴보면 다음과 같다.

● **방글라데시**; 1991년 설립된 방글라데시 가나안농군학교는 상습
적인 수해지역인 '찔마리'에서 오랜 경제 침체와 정치 불안으로 삶
의 목표를 상실한 체 살아가고 있던 현지인들에게 재생과 재활의
희망을 심어주고 있다.

● **필리핀**; 2000년 설립된 필리핀 가나안농군학교는 화산재로 뒤덮
인 불모의 땅 '팜팡가'지역에서 풍요로운 농장을 일구어냈다.

● **미얀마**; 2003년 설립된 미얀마 가나안농군학교는 농장개발 및
농업기술 전수를 통해 농업 인력을 육성, 미얀마의 농업기술 발달

에 기여하고 있다.

● **중국 왕청**; 2004년 설립된 중국 왕청 가나안농군학교는 수많은 독립투사들이 활동했던 왕청현에서 지역 주민들의 빈곤 극복을 위해 가나안농군학교의 정신교육과 농업기술 교육을 실시, 소득 증대에 이바지 하고 있다.

● **인도네시아**; 2005년 설립된 인도네시아 가나안농군학교는 '육신의 잠과 사상의 잠, 영혼의 잠을 깨우자' 라는 모토를 가지고 농민 교육을 실시하여 고착화된 빈곤을 극복하는 데 일익을 담당하고 있다.

● **중국단동**; 2004년 설립된 중국 단동가나안농군학교는 가나안농군학교의 정신 교육과 농업기술 교육, 지역개발사업을 통해 저소득 농촌지역에 꿈을 심고 있다.

● **요르단**; 팔레스타인과 요르단에 가나안농군학교를 설립하여 '할 수있다, 하면 된다'는 '개척정신'을 심어주어 빈곤 극복과 중동 평화 해결에 밀알이 되려는 노력을 기울이고 있다.

● **인도**; 인도에 가나안농군학교를 설립하여 가나안농군학교의 근로, 봉사, 희생의 개척정신을 심어주고 인도 국민들에게 '할수 있다' 하면 된다' 는 희망을 주고 있다.

● **태국**; 태국에 가나안농군학교를 설립, 태국 국민들에게 '할 수 있다, 하면 된다' 는 개척 정신을 일깨워 빈곤 극복 노력을 기울이고 있다.

● 가나, 팔레스타인, 라오스, 말라위, 말레이시아, 캄보디아, 우즈베키스탄, 우간다의 가나안농군학교 설립 요청에 따라 가나안농군학교를 설립해가고 있다.

르완다의 공무원이 제2가나안농군학교에서 교육받은 내용 소개

(3).일가재단

설 립 취 지

"재단법인 일가재단(一家財團) 은 고(故) 일가(一家) 김용기(金容基) 선생의 뜻을따르고자 만든 법인입니다. 김용기 선생은 일제시대에는 농민의식과 농촌의 발전을 통한 조국의 광복을 위해 애쓰셨고, 해방 후에 는 사회교육 및 민족운동에 힘쓰시는 한편 신앙의 생활화 운동에 온 생애를 바치셨습니다.

우리 민족을 일깨우고자 한 일가 선생의 복민주의 정신을 계승 · 발전시키기 위해 선생이 돌아가신 후 발족된 일가재단은 제일 먼저 <일가상>을 제정하였습니다. 1991년 제정된 <일가상>은 선생의 외곬 개척정신을 높이 기리고, 소외 당한 이웃들에게 희망과 용기를 주며, 그들을 위해 헌신적으로 봉사하는 숨은 일꾼들에게 격려와 찬사를 보내고자 합니다.

아울러 복민주의 이념을 체계화하여 범국민 사회운동으로 발전시키기 위한 연구를 계속하며, 이를 실천하기 위한 사업을 펼쳐 우리들이 몸담고 사는 이 땅에 사랑과 정의가 구현되도록 힘써 나갈 것입니다."

(4).일가상 제정

일가재단에서는 <일가상>을 제정하여, 복민주의 이념을 실천하여 이 땅위에 더불어 잘사는 사랑의 공동체를 만들고자 애쓰는 일꾼들을 찾아 해마다 격려와 찬사를 보내고 있는데 다음 부문의 일가상을 수여하고 있다.

▶ 농업부문 : 농업기술과 농촌사회를 발전시키고 농민의 의식혁신에 있어 모범을 보이거나 현저히 기여한 사람

▶ 산업부문 : 산업발전과 근로환경 및 복지에 탁월한 업적을 이룩한 사람

▶ 사회공익부문 : 소외된 사람들과 낙후된 분야를 위하여 희생적으로 봉사했거나, 사회일반의 복리증진에 크게 기여한 사람

▶ 청년일가상부문 : 청년일가상은 일가 김용기 탄생 100주년을 맞이하여 2009년 처음 제정되었다 특별히 일가선생의 정신을 현장에 구현하는 청년을 발굴, 격려하는 뜻에서 제정된 상이다.

수상 대상은 아시아 지역에 거주하는 사람으로, 한국인은 물론 외국인이라도 아시아의 발전을 위해 봉사한 사람에게 수여한다.

시상은 매년 9월 첫째 토요일에 시상식을 가지며 수상자에게는 상금 및 상장을 수여한다.

5). 일제하 성인교육 지도자들의 특징

　일제하 국내의 지도자들이 벌인 사회 운동이 공통적 특징은 빈곤과 억압으로 부터의 해방(free from poverty and oppression)을 목표로 하고 있다 하겠다.

　일제하 한국인의 빈곤은 일제의 착취로부터 기인한 것이다.

　당장의 독립이 불가능한 현실에서 지도자가 몸담고 있는 향토(community)를 중심으로 성인 교육을 통해 빈곤 해방운동을 벌이는 것이 접근 가능한 방법이었다.

　또한 실업교육과 아울러 의식 교육을 통한 애국심과 독립정신의 고취도 병행 하였다.

　그리고 각 종교 지도자들도 다양한 운동을 벌여왔는데, 이는 신앙심의 발로라 하겠다.

　이와 같은 사실은 심훈과 윤봉길과 김용기 및 덴마크의 그루트비히 등의 성인 교육활동 내용에서도 거의 일치하고 있음을 알수 있다.

○성인 교육자상

　노블레스 오블리쥬 (noblesse oblige)에 입각한 참여교육을 이상형으로 제시하고 있다. 심훈은 인류가 지향해 온 가장 큰 가치 (덕목)의 하나인 남녀 및 계층 간 평　등 사상을 대변하고 있다.

○성인 교육의 방법과 목표

　발전의 방법(way of development)은 지도자의 선택과 책임에 따라 다양하게 주어 질수 있는데, 일제하 계몽주의 성인 교육자 들이 제시한 교육 방법과 궁극적 목표는 문해교육(의식화) ⇒ 협동운동과 조직화(신 기술수용 과정과 경제의 규모화) ⇒ 경제 부흥(경제 자립)⇒ 자주 독립(독립 국가)이다.

　이와 같이 앞에서 살펴본 일제하 계몽주의적 성인 교육가들의 사상과 농촌개발의 대안은 오늘날에도 유용한 것이다.

　일찍이 새마을 운동 초기에 김준이 "새마을 운동은 이론이 아니고 실천이다." 라고 역설한 것은, 다소 과장이 될지 모르지만 약 3천편으로 추산되는 새마을 운동 관련 논문 보다 농촌 새마을 지도자들의 희생과 봉사 (노블리스 오블리쥬)가 농촌 성인 교육과 농촌 개발에 얼마나 많은 기여를 했나 살펴보는 것으로 자명해 진다.

또한 주자학의 공리공담에 빠진 조선이 양명학의 실사구시를 숭상한 일본에 강점당한 아픈 경험은 약 1세기가 지난 우리에게도 매우 유용한 교훈이라 하겠다.

한편 심훈 상록수 기념사업회와 매헌 윤봉길의사의 월진회 등에서 추진 중인 성인교육 시설 장기 구상에 가나안 농군 학교를 벤치마킹 하는 것도 매우 바람직하다 할 것이다.

<표11>.일제하 한국 성인교육 사상가와 그룬트비히의 비교

성인 교육자	심 훈	윤봉길	김 용 기	그룬트 비히
국 적	한 국	한 국	한 국	덴마크
생 애	1901. 9.12~ 1936. 9.16	1908. 6.21~ 1932. 4.29	1909. 05~ 1988.	1983. 9.8~ 1892. 9.2
교 육 경 력	경기고등학교(퇴학)지강대학 수학	초등학교, 서숙	광동 학교	
성인 교육에 미친 영향	「상록수」(정신)이 1960년대 농촌 계몽운동의 정신적 동력에 도움	구황작물(고구마)보급, 문맹퇴치운동(야학), 소비 조합 운동 및 양돈계, 주민 의식교육 등	고구마저장법 개발 및 보급 빈곤 해방 (농민)운동과 일가 사상으로 새마을운동의 모델	성인교육과 산교육 강조 Fork High school설립 덴마크 부흥과 협동조합의동력이 됨
사 상	항일 독립운동정신, 애향심 기독교 사상	항일독립운동정신 계몽주의 사상 협동 운동	항일독립정신, 개혁 정신, 기독교 사상 협동조합정신 복민사상→일가 사상	애국심,성인 교육사상 기독교 사상

성 인 교 육 이외의 업적	3.1운동으로 옥 고, 시인 신문 기자 영화 제작 사, 배우	시인 중국에 망명 홍코 우 공원의 의거후 사형 당함	작사가	정치인 작사가 목사
공 통 점	지역사회를 중심으로 협동과 협동조합운동에 직간접 영향 ● 빈곤과 억압으로부터 해방 운동 ● 억압 받는 계층을 위한 평등과 정신적 구원 지향 ● 언어 및 시적 재능(예술적 창의력)			

II. 광복 후의 농촌지도와 협동조합운동

1. 문맹퇴치와 농촌지도사업의 전개

1). 문맹퇴치운동

문맹퇴치운동은 앞에서 살펴본 바와 같이 일제치하에서도 꾸준히 이루어졌으나 일제의 패망으로 1945년 8.15광복을 맞이했을 때 12세 이상의 국민가운데 78%가 문맹이었다. 따라서 문맹의 퇴치가 매우 시급한 과제로 대두되었다. 문맹률이 이와 같이 높았던 것은 두말할 나위도 없이 일제에 의한 우리말, 우리글의 말살정책과 대학에 대한 갖은 탄압으로 우리 민족의 교육기회를 박탈해온 때문이다.

광복 후 문맹퇴치는 미군정 때부터 시작하여 1회에 3개월 정도씩 실시하였다. 1946년과 1947년 2년간의 교육경과 1948년에는 문맹률이 41%로 감소되었다. 문맹퇴치활동은 6.25남침으로 일시 중단되었으나 그 뒤에 국문보급반과 공민학교 부존자원에도 불구하고 교육입국을 가능케 한 원동력이 되었다고 할 수 있다.

<표12> 연도별 국문보급상황

연도	총인구수	국문해독자수	문맹자수	문맹자비율	비고
1945	10,253,138	2,272,236	7,980,922	78.0%	해방당시
1948	13,087,405	7,676,325	5,411,080	41.0%	정부수립당시
1953	12,269,739	9,124,480	3,145,259	26.0%	제1차문맹퇴치
1954	12,269,739	10,560,719	1,709,020	14.0%	제2차
1955	12,219,739	10,745,698	1,524,041	12.0%	제3차
1956	13,911,678	12,492,713	1,419,205	10.0%	제4차
1957	13,713,873	12,568,590	1,145,293	8.3%	제5차
1958	13,713,878	13,150,891	562,982	4.1%	제6차

2). 농촌지도사업

원래 농민에 대한 농업기술의 지도는 우리 역사에서 개국 이래 줄곧 이루어져온 것이다. 그러나 오늘날과 같은 민주적 농촌지도사업의 전개는 1947년 12월에 농사기술교육령이 공포된 이후에 시작된 것으로 본다. 이 법 개정에 따라 농촌진흥청의 전신인 농사개량원이 설립되고 이것이 194개에 농업기술원으로 개편되었고 1957년 1월에 농사교도법의 국회를 통과하여 농사원이 개원되었다. 농사원 이전의 농촌지도사업은 6.25전후의 혼란과 재정상의 곤란 때문에 큰 어려움을 겪었으나 농사원으로 개편된 이후에는 점차 정상적인 활동과 발전을 기록하게 되었다. 그러나 농촌지도 기구가 다원적이어서 발생하는 비능률 때문에 효율적인 활동이 어려운 실정 이었다.

5.16 이후 혁명정부는 농촌지도체계의 일원화를 위해 1962년 3월 21일에 농촌진흥법을 공포하였다. 우리나라의 농촌지도사업은 전통적으로 식량증산, 특히 주곡의 증산에 역점을 두어 왔는데 농촌진흥청의 설립목적도 주로 신품종개발과 농업기술의 이전 및 농민의 훈련 등에 있었다.

1960년대 중반부터 박정희 대통령의 주곡 자급에 대한 강한 의지에 따라 진흥청과 서울대 농대(허문회 교수)와 필리핀의 국제미작연구소(IRRI)와의 협조로 통일계 신품종의 개발에 주력하였다. 10여 년간에 걸친 연구진의 노력과 일선 지도사들의 재배기술지도 등에 힘입어 1977년에는 사상 처음으로 4000만석을 돌파하고 단위면적당 수확량에 있어서도 세계적인 기록, 즉 "녹색혁명성취"를 보게 되었다.

　한편, 농촌진흥청 구내에 건립된 농민회관은 새마을운동 초기의 새마을 교육의 장으로 활용되었다.

박대통령의 농업과 서울대 농대에 대한 각별한 관심은 서울대 농대의 개교 60주년 기념 휘호로 "農爲大本"을 보내준 사례에도 잘 나타나 있다. 이 휘호는 서울대 농대의 종합잡지<상록> 63호에 실려 있다.

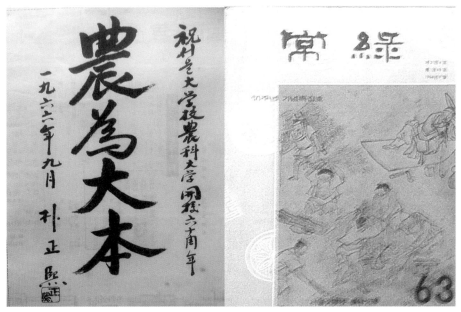

박대통령의 휘호와 <상록>63호 표지

2. 재건국민운동과 향토학교운동

1961년에 수립된 군사혁명정부에서는 사회의 부정과 부패를 일고하고 국민도의와 민족정기를 바로잡기 위해 사회기풍을 일신할 것을 표방하고 이를 위한 성인교육을 중점적으로 추진하기 시작하였다. 성인교육에 대한 높은 관심에 따라 최고회의는 재건국민운동본부를 직속으로 설치하였다.

재건국민운동본부는 혁명과업의 완수를 국민 자신의 노력으로 이룩하도록 한다는 취지에 따라 설립되었다.

재건국민운동은 1961년 6월 12일에 재건국민운동에 대한 법률이 공포되면서 발족된 것이다. 재건국민운동은 생활혁명을 위한 운동, 정신혁명을 달성하기 위한 운동, 인간 개조운동 및 도의 재건을 달성하기 위한 운동 등의 캐치프레이즈와 함께 범국민적으로 추진되었다.

재건국민운동의 추진과정은 다음과 같은 3단계로 구분된다. 제1단계는 정부시책의 홍보 및 계몽기간 이었다. 당시의 책임자는 유진오 였으며 현역군인이 대부분의 간부로, 그리고 일선의 책임자는 군수, 읍면장, 이동장 등으로서 국민의 새생활운동을 주도하였다.

제2단계는 1961년 9월에 서울대 농대 유달영 교수가 본부장이 되면서부터 범민중화운동을 추진한 시기이다. 1961년 9월 달에 국민운동을 국민 자신이 하는 민중운동으로 전환하기 위한 법률의 개정이 이루어지고 기구가 개편되었다. 이에 따라 본부와 읍면도의 국민운동책임자가 민간인으로 선임되고 사회감례의 지도층의 참여로 각급 위원회가 구성되었다. 이동단위에 청년회 및 부녀회를 조직하였고 각급 학교에는 재건학생회가 결성되었다. 이 시기에 자립, 자조의 향토건설운동과 협동정신에 입각한 자매결연사업도 추진되었다. 제3단계는 지도체계 확립하고 체계적인 교육을 추진한 시기이다. 각점 연수원을 개설했으며 사회 각계층의 지도자교육과 재건학생회의 간부들에 대한 교육이 이루어졌다.

재건국민운동을 통하여 추진한 주요사업, 가운데는 문맹퇴치교육, 학생봉사활동의 지원 및 각종 생활개선운동 등이 있었다. 그런데 70년대 이래의 새마을운동과는 달리 재건국민운동은 크게 성공한 것으로 평가되지 못하고 있다. 그 것은 이와 같은 대규모 범국민운동에 대한 경험의 부족에도 원인이 있겠지만 새마을운동의 경우에서처럼 농촌의 환경과 소득개선에 크게 기여하지 못했기 때문인 것으로 판단된다. 그러나 재건국민운동은 그 이후의 새마을운동에 대한 밑거름으로서 가치를 평가받을 수도 있을 것이다. 특히 새마을금고의 전신인 마을금고운동의 추진은 높이 평가되어야 하겠다.

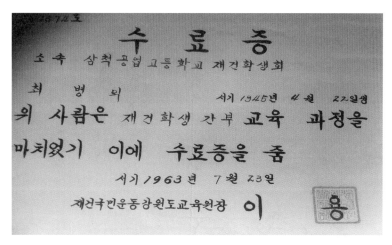

재건국민운동교육 수료증

한편, 재건국민운동의 추진과 더불어 향토학교운동이 1961년부터 시작되었다. 1961년에 지역사회개발에 있어서 학교의 사회적 역할을 높이기 위하여 향토학교의 추진이 문교정책으로 채택되고 그 이후 1965년에 들어와서 보다 적극적으로 향토학교운동이 전개되었다. 즉 제1경제개발 정책이 추진되면서 지역사회의 문화, 경제, 사회적 향상을 위한 계몽지도, 노력봉사 그리고 학교시설의 개방을 통한 향토발전이 강조되기 시작하였다. 1965 학년도부터 시, 도 별로 향토개발 연구를 위한 문교부지정 연구학교를 1개교씩 지정하여 일부연구비를 보조하여 왔다. 그리고 향토사회의 문제해결에 적절히 활용될 수 있고 연구의 신뢰도가 인정되는 연구 성과에 대해서는 대통령상을 비롯한 각종 상을 포상하였다. 1969학년도부터는 향토학교 운영에 한층 박차를 가하여 각급학교에 향토개발에 기여할 수 있는 구체적인 방향을 제시했다.

 우리나라에서 향토학교운동은 산발적이긴 하였으나 1950년대 초부터 있었으며 1960년대 이전에는 지역사회학교로 불렸다. 향토학교운동의 일환인 온 마을 교육운동은 교육의 사회적 기능을 확대시키기 위하여 학교와 사회의 유대를 강화하고 주민들의 학교에 대한 이해를 증진시켜 학교에 협조하게 하여 학교의 체육시설등 물적 시설을 지역사회에 개방하여 지역사회발전에 기여하게 함을 목적으로 출발 하였다. 그리하여 그 성과가 문교부에 인정되어 1971년 문교부의 주요 사업으로 채택되었다. 온 마을 교육운동은 학교와 지역사회의 연계활동으로 퇴폐풍조를 밀소하고 건실한 국민도의 암양과 근면, 자조, 자립, 협동 정신의 함양으로 명랑한 지역사회를 건설하기 위하여 학교와 지역사회가 지니는 상호 보충적 기능을 강화하여 왔다. 1971년 초부터는 전국의 학교가 이 운동에 스스로 참여하여 향토개발에 많은 실적을 거두었는데 이는 그 이후의 학교 새마을운동으로 발전되어 왔다. 일찍이 향토학교건설, 자립학교추진을 서두르던 문교부는 1972년 4월 새마을 교육담당관을 두고 필요한 인적자원을 마련하기 위해 시, 도의 장학사들을 동원하여 집단 근무하게 하였다. 이로 인하여 국가사회, 지역사회와 유리되기 쉬웠던 교육이 제구실을 추구하게 되고 생산적인 분위기의 교육풍토가 조성되기 시작하였다. 또한 새마을 교실을 통해 지역주민과 호흡을 같이 해가는 학풍이 진작되기 시작하였다. 또한 문교부는 새마을 교육에 역량을 나타내는 학교에 대하여는 집중적으로 재정지원을 하여 타의 시범이 되도록 육성하고 이것이 지역사회 및 인근학교에 파급되도록 하였다. 문교부의 성인교육 시책중 주목할 만한 움직임의 하나는 1969년도부터 시작된 대학생들의 방학을 이용한 연합 봉사활동의 전개이다. 물론 그 이전에도 학생들의 봉사활동이 있어 왔지만 각급 학교별로 산발적으로 이루어져 왔다. 대학생들의 애향심과 향토 개발의욕을 고취하고 전국 취약지구의 개발을 위하여 문교부는 하기 및 동기 방학 중의 봉사활동을 효과적으로 수행할 수 있도록 적극 지원하기로 하였다. 당시 총 60개 대학에서 1705명의 학생들이 농어촌에 들어가 생활계몽 근로봉사 및 의료봉사 활동을 하였다. 이와 같은 문교부의 지원이 보다 적극화되고 조직성을 띠게 된 것은 1970년대에 들어와 전국 대학생 연합봉사단을 결성하면서 부터이다. 1970년에 문교부는 대학생들의 건전한 사회와 국가 건설에 자진 봉사하는 기풍을 진작하여 자조 자립정신을 함양하고 봉사활동을 통한 지역사회 개발촉진과 교육의 사회화에 기여하게 하기 위하여 전국대학생연합 봉사단을 조직하였다.

1970년대 대학4-H 클럽 농촌 봉사활동

이와같은 봉사단은 전국대학생 연합체 활동으로 봉사활동을 효율적으로 실시하여 지도교수 책임아래 1교 1군을 계속 개발하도록 하는 동시에 민, 관, 군의 연계 개발 사업으로 추진하고 문제점의 발굴 및 해결을 도모한다는 기본 방침아래 각 대학이 윤번제로 회장단이 되어 주관 시행하도록 하였다. 이와 같은 사업은 1970년대 이후 해마다 계속되었다. 1980년대부터 1975년도 하계 연합봉사활동은 94개 대학에서 366개 지역에 걸쳐 학생 13,197명, 지도교수 366명이 참가하여 의료봉사, 기술봉사, 유아지도를 포함한 교육봉사와 일반 근로봉사를 통해 지역개발에 공헌하는 한편 농촌의 실태를 이해하는 계기가 되었다.

3. 농업협동조합과 새마을교육[9]

농업협동조합은 1957년 2월 14일 농업협동조합법의 공포로 단기일내에 급속히 증가되었다. 그러나 신용업무는 농업은행에서 담당하고 있어 농업협동조합으로서의 기능을 제대로 수행하지 못하였다. 5.16군사정부에 의해 1961년 7월 29일과 8월 5일에 각각 농협법(법율제 670호)과 동법 시행령이 공포됨에 따라 농업은행을 통합하고 신용사업을 겸비한 종합농협으로 비약적인 발전을 기록해왔다. 또한 새마을교육의 발전에 있어서 농협이 기여한 것도 간과되어서는 안 될 것이다.

새마을운동은 농협운동과 동질성을 가지고 있다. 그 정신이 그러하고 또 그 생성과정이 유사하다. 운동의 추진주체 생성과정이 같고 기대되는 효과가 또한 같다. 농협운동은 자조, 자주, 협동정신을 기본이념으로 하고 있으며 새마을운동이 근면, 자조, 협동을 기본정신으로 하고 있음을 볼 때 그 목표의 동질성은 명료해진다. 농협운동과 새마을운동의 동질성과 우수한 인적자원을 고루 갖춘 점 등으로 하여 농업협동조합중회는 새마을 운동의 출범 직후 새마을교육의 역할을 부여받고 새마을 교육에 뚜렷한 발자취를 남겨왔다.

새마을운동 출범 직후 새마을지도자의 역할에 따라 새마을사업의

---

9) 농업협동조합중앙회, 새마을운동과 농협, 1972.

성과가 크게 좌우되는 사실을 깊이 인식한 박대통령은 새마을 가꾸기 운동이 성공하려면, 먼저 마을 지도자양성이 무엇보다도 중요하하다고 강조하였다.

- 이에 따라 독농가연수원을 설치토록하는 독농가교육계획이 1972년 1월 11일에 농업협동조합중앙회에 수립(농정 1110-46호)됨으로써 동년 1월 31일에 농협대학에서 독농가 140명의 첫 입교식을 갖게 되었다.

- 1973년 4월 8일에 수원의 농민회관이 협동조합중앙회와 독농가연수원의 직제규정의 개정으로 명칭이 새마을 지도자연수원으로 변경되었다.

- 새마을 지도자연수원 설치법이 1979년 12월 28일에 법률 제317호로 제정 공포되고 이어서 새마을지도자연수원 설치법 시행령이 공포되고 이듬해 4월 22일 내무부 산하의 특수법인으로 설립등기를 필하였다. 그리고 동년 12월 1일에 새마을운동 중앙본부가 창립되고 새마을지도자연수원도 산하에 두게 되었다.

 연수원 설립시 농업협동조합중앙회에서는 각종기기를 연수원에 무상양여하고 제교관단과 일반직원 등 교육요원에 대한 인건비를 모두 부담해왔다.

1972년 의 교육비 375742일천원 가운데 국가부담이 52%, 농협부담이 47%를 차지하고 있다. 유형적인 기여뿐만 아니라 농업협동조합직원들에 의해 마련된 교육과정도 오늘날 새마을교육의 기초를 이루고 있는 것이다. 사회단체에서 운영하고 있는 각종연수원은 1983년 9월 10일에 대통령령 제 11230호로 공포된 사회교육법 시행령에 따라 10인 이상에게 30시간 이상 교육을 실시하는 사회교육과정에는 국민정신교육을 1할 이상 부과 하도록 되어 있으며 국민정신교육의 한 분야로 새마을교육을 예시하여 각종 사회교육에 새마을교육이 포함되는 법적 근거를 마련해주었다.

 그 이후, 새마을중앙본부의 직속 및 재정지원 연수원을 통하여 이루어지고 있는 새마을교육의 실적은 거의 모두 파악되고 있으나 전국의 모든 공사기관들에 의한 새마을교육의 전모는 파악되지 않고 있다. 단지, 주요 연수원들을 통하여 이루어진 새마을 교육에 대해서만 그 실적이 파악되어 있는데 1985 초기의 실적을 분야별로 살펴보면 다음과 같다.

 새마을교육의 핵심인 합숙새마을교육의 경우 1985년 한 해 동안 218천명이 새마을교통을 이수하였고 1985년까지의 실적을 누계하면 1530천명에 이른다. 비 합숙 교육 까지 합한 교육생 수는 1985년 한해에 만도 6350천명에 달한다. 새마을교육은 새마을정신교육을 통한 국민의 태도강화에 이바지하였는데 북돋우어야 할 주체, 자주의식, 협동의식, 창조, 발전의식 등을 함양하였다. 이를 통하여 새마을운동의 추진역량을 제고하고 국가의 발전방향에 대한 이해와 계층간 공감대의 확산에 이바지하여 왔다.

III. 새마을 운동의 이념

1. 마을의 개념과 새마을운동

1). 한국의 마을과 새마을운동

새마을운동은 여타의 사회운동과 다른 역사적 맥락과 시대정신을 배경으로 하고 있다. 그 개념을 이해하는 데 한국의 전통문화와 사회구조로 보아 마을의 개념을 고찰할 필요가 있다. 사람들이 거주하는 동네라는 차원에서 보면 마을의 개념은 동서양을 막론하고 크게 다를 바 없다. 그러나 한국인의 전통적이 의식구조 속에 간직된 마을의 개념은 독특한 성격을 갖는다. 이는 서양 사람들이 마을의 개념으로 사용하는 빌리지의 개념과는 다르다.

한국인에겐 마을이란 단순히 생활하기 위한 주거지역의 단위만을 뜻하는 것이 아니라 혈통의 뿌리와 같은 고향의 정서를 함축하고 있다. 한국인에 있어서는 서양 사람들 보다 훨씬 강한 조상숭배의식이 고향마을의 개념 속에 깊이 담겨져 있다. 그러므로 마을은 물질적 생존의 터전일 뿐만 아니라 정신적 유산과 혈연적 뿌리가 통합된 개념이다.

또한 한국인에게 마을의 이미지는 한국의 독특한 마을구조의 생태학적 특성에 기인한다. 농토는 성 밖에 위치해 있거나 개별농가 단위로 산재한 서양의 마을 구조와는 달리 한국의 마을은 생활공간과 작업공간이 동일한 장소에 자연과 융화되어있다.

한국의 전통 건축양식은 자연과의 조화가 특징으로 지적되고 마을은 대체로 배산 임수의 형태로 되어있다. 한국인은 고향집과 가족만을 그리는 것이 아니라 고향마을 고향사람 고향의 자연을 한가지로 그리워하며 누구나 마을에 대해 갖는 이미지는 바로 이와 같은 복합된 이미지인 것이다.

마을에 대한 이미지는 현재의 거주지에 관한 것 일수도 있으나 때로 떠나온 고향 마을 일수도 있는데 한국인의 상당수는 어떤 형태로든 고향마을과의 깊은 유대를 갖고 있다.

  누구나 마을에 대해 갖는 이미지는 바로 이와 같은 복합된 이미지인 것이다. 결국 한국인에게 있어서 마을이란 그것이 현재 거주하던 또는 떠나온 곳이든 그 자체가 정신적 혈연적 뿌리요, 동시에 마음의 안식처이다.

  그러나 1960년대의 농촌을 회고해 볼 때 위에서 언급한 마을은 도시인의 목가적인 감상이라 할 수 있다. 새마을운동이 시작되기 이전의 농촌은 오랜 가난으로 좌절과 사회적 푸대접에 찌든 나머지 도무지 진취적이고 의욕적인 것은 보이지 않고 그냥 침체해 있는 것이 당시 우리 농촌의 모습이었다.

  뿐만 아니라 농민이 아무리 열심히 일해도 잘 살수 없다는 체념과 나태와 과음과 도박의 퇴폐가 구석구석에서 발견되고 있었던 것이다. 풍요하고 아늑한 마을은 드물고 서글프고 무기력하고 자포자기에 빠진 빈곤의 악순환이 농촌에 산재하고 있었다. 그리하여 침체되고 나태한 마을을 근면하고 자주적인 마을, 협동하는 마을로 개선할 필요성을 깨닫게 되었다. 따라서 우리가 민주주의의 토착화와 복지사회 구현 등 소위 근대화를 달성하기 위하여 새 사람, 새 가정, 새 사회 그리고 새 역사와 선진국으로의 발전 등으로 이어지는 모든 목표들을 근면, 자조, 협동을 바탕으로 한 새마을에 귀결 시키게 된 것이다.

  새마을 운동의 새싹이 마을에서부터 비롯된 것이다.

  한국의 전통문화와 농촌의 사회구조로 보아서 삶의 공동체로 의식되는 마을이 개발단위로서 가장 효율적이고 심리적 저항이 없는 조직 단위가 될 수 있었기에 새마을운동이 농촌마을을 기본 단위로 선정한 것은 지극히 당연한 것이다. 물론 여기서 새마을이라고 할 때 이것은 새로운 공간에 건설한 마을을 의미하는 것이 아니다. 또한 인간생활의 낡고 불합리한 점을 개선하여 새롭고 편리한 마을을 이룩하려는 의지가 단순히 모든 전통에 대한 부정으로서만 가능한 것은 아니다. 마을에서 우리가 대대로 유지해 오고 지켜야 할 가치가 있는 전통문화를 잘 보전하고 가꾸면서 보다 합리적인 새로운 가치창조를 추구하는 것이 참된 새마을인 것이다.

　새마을운동은 국민의 의식구조를 변화시킨 정신혁명운동, 경제성장을 촉진시킨 산업혁명운동 및 환경과 복지를 개선시킨 복지구현운동 등으로 표현되었다. 또한 오늘날 우리의 생활에 직접, 간접으로 큰 영향을 미쳤으며 범국민적 사회운동으로서 자리매김 하였다. 사회운동은 사회의 변혁, 개량이나 사회문제의 해결을 위하여 집단으로서 지속적으로 행하는 행동이다. 19세기까지만 하여도 사회운동이란 주로 정치적 억압과 경제적 빈곤을 타파하기 위한 또는 종교, 부녀, 청소년운동 등과 같은 특정분야에 있어서 특정계층에 의하여 이루어진 좁은 의미의 사회운동이 대부분이었다. 그러나 오늘날에는 전 계층과 산업의 전 분야에 걸친 종합적인 발전을 목표로 하여 지속적으로 이루어지는 넓은 의미의 사회운동이 많이 전개되고 있다. 때문에 오늘날의 사회운동은 과거에 볼 수 없었던 몇 가지 특성을 지니고 있고 새마을운동도 넓은 의미의 사회운동으로서 다음과 같은 특성을 갖고 있다.

　첫째 새마을운동은 사회와 농업 관련 산업 전반에 전례 없이 종합적이고 급격한 변화를 가져왔다. 선진국이 과거 수 십 년 또는 수 세기에 걸쳐 이룩한 발전과정을 수년으로 단축시키려는 것이었다. 그렇지 않으면 후진국은 언제나 후진국으로 머물러야 하는 것이다.

　이것은 소극적 사고방식에서 탈피하여 인간이 사회적 환경, 자연환경을 스스로 변혁시킬 수 있다는 적극적이고 확고한 신념에서 비롯된 것이다. 새마을운동이 지역사회개발의 측면에서 사회교육의 일환으로 의식개혁, 기술보급 등 광범위한 분야를 종합적이고 급격하게 추진한 것도 이 때문이다.

　둘째 오늘날의 사회운동은 일시적 목표의 달성으로 종결되는 것이 아니라 사회전반의 각 분야에서 지속적으로 전개되고 있다.

과거에도 정치, 경제, 사회, 문화 등 각 방면에서 사회운동이 산발
적으로 일어난 경우도 있긴 하지만 오늘날 사회운동은 생산과 유통
에서부터 소비 등 사회생활전반과 가치관의 혁신에 이르기까지 국
민의 태도 강화에 대한 노력을 지속시켜 나가고 있는 것이다. 발전
이란 지속적 과정이므로 발전목표의 상향조정으로 새마을운동 역시
지속적 운동인 것이다.

셋째, 새마을운동을 통한 사회변화의 밑바닥에는 전 국민이 생활
을 질적, 양적으로 향상시키려는 강력한 의지와 동기가 깔려있었다.
정부는 새마을운동을 통해 보다 더 풍요로운 삶을 원하는 국민의
요구에 부응하여 국민의 생활수준 향상이라는 목표를 실현하여 국
민의 지지를 얻을 수 있었다.

2). 새마을운동의 역사적 의의

앞에서 살펴본 바와 같이 새마을 운동은 국가의 발전과 관련되는
다양한 사회적, 경제적, 문화적 요구를 충족하기 위하여 발생한 것
이다. 그렇게 때문에 자연 다목적적이며 또 포괄적인 국민운동이
될 수 밖에 없다. 따라서 새마을 운동에 대한 정의는 그 포괄성으
로 인해 다소 모호한 느낌을 주기도 한 것이 사실이다. 일반적으로
새마을운동에 대한 개념규정으로는 일찍이 박정희 대통령이 지적한
바 있는 -잘 살기 위한 운동. 근대화운동. 근면, 자조, 협동하는 새
마을정신의 생활화 운동-이라고 이해되고 있다. 그리고 학자들의
개념규정도 이와 유사하여 -한국적 산업혁명, 민주주의 기반조성을
위한 그 선행운동, 균형된 사회문화 발전을 위한 수단, 다목적적인
종합개발을 위한 선행운동, 국가발전을 위한 국민운동이다-라고 정
의되고 있다.
그런데 새마을운동에 대한 정의를 규정할 때 새마을운동이 내포하
는 다목적적, 다학문적 성격 때문에 어떤 특정분야에 국한하여 정
의를 내리는 것은 해당분야에는 적합한 정의가 될 수는 있지만 종

합적 정의는 될 수 없을 것이다. 또한 새마을 운동의 전 분야를 망라할 수 있는 적절한 종합적 정의를 내리기는 쉽지 않을 것이다. 그럼에도 불구하고 각 분야별로 지금까지 수많은 연구가 수행되어 왔던 관계로 새마을운동에 대한 다양한 개념들에 수시로 접하게 된다. 이를 일일이 다 열거할 수 없는 것이므로 가장 빈도가 높았던 측면만을 추출하여 간단히 분야별로 살펴보기로 한다

.

(1).국민 통합적 측면

"새마을운동은 새 국가 건설을 위한 공감대 확산운동이다."
국민 통합적 기능으로 국력의 배양을 가속화하는 추진력이었으며 또 조국의 평화적 통일을 앞당기기 위한 국민총화의 정신적 구심력이 되어 왔다. 무력남침의 위협을 방지하며 국가발전을 이룩하여야 할 긴장된 상황에서는 국민통합을 이룰 수 있는 올바른 방향을 제시하고 국민을 이끌어 갈 수 있는 정신적 구심력이 더욱 필요한 것이다.
　새마을운동이 농촌, 도시, 공장, 직장 등 각계각층으로 확산되어 온 국민의식 속에 깊이 뿌리를 내림으로서 국가발전의 정신적 구심력으로서 기여해왔던 것이다.

(2).경제적 측면

"새마을운동은 잘살기 위한 운동이다."
새마을운동은 오랜 세월 동안 가난에 시달려온 한을 풀기위한 잘살기 운동으로 출발하였다. 그리하여 특히 농촌에서의 고질적인 빈곤을 추방하였고 더 나아가 기업은 원가절감, 생산성 향상과 노사협조를 이룩하고 국민은 근검과 절약을 생활화하며 후생복지를 개선하는 운동으로까지 발전하였다. 한국경제는 확실히 그 규모가 증대했고 국민들도 보다 나은 생활수준을 누리는 것도 사실이다. 그러

나 우리경제가 자랑하는 GNP의 성장이나 1인당 국민소득의 증대가 곧 국민 개개인의 복지를 보장 해주는 것은 아니다. 왜냐하면 이와 같은 수치는 총체적으로 국민경제가 이룩한 집계된 개념으로서의 성과 일뿐 국민경제를 구성하는 구성원 간에는 분배의 문제가 다르기 때문이다. 절대빈곤의 제거가 무엇보다 중요하지만 상대적 빈곤의 완화도 소홀히 할 수 없는 것이므로 비록 높은 성장을 이룩했지만 분배의 혜택이 고루 나누어 지지 못하여서 상대적으로 소외된 계층이 생겨나 국민총화에 부정적 요소가 되었다. 그리하여 경제적 측면에서 새마을운동을 정의할 때 단순히 "잘살기 위한 운동"보다는 "모두가 함께 잘 살기 위한 운동"으로 개념을 수정할 필요성이 대두되었다

(3).지역사회개발 측면

"새마을 운동은 지역사회개발 운동이다."
지역사회 개발운동은 자조와 협동의 원리를 바탕으로 해서 지역주민의 욕구를 해결하고 지역사회의 경제적 및 사회적 발전을 촉진하기 위한 운동이다. 이는 새마을운동 초기 마을 중심의 지역개발의 시기에는 일리가 있었다. 그러나 새마을운동이 주민집단의 공동 주거지역이 아닌 직장이나 공장, 학교 등의 기능집단으로 확산되었을 때는 새마을운동을 지역사회개발운동이라고만 단정하기에는 무리가 있다.
서구의 전통적 지역사회개발운동과 한국의 새마을운동의 개념은 근면. 자조. 협동의 기본정신 에 있어서 유사하다. 그러나 새마을운동은 국가 정책으로 추진한 범국민적 운동이고 내용에 있어서도 더 종합적이고 복합적이며 더 나아가 새마을운동은 독특한 한국적 개발 전략이라는 점에서 여타의 지역사회개발운동과는 구별된다 하겠다.

(4).정신, 문화적 측면

"새마을운동은 국민의 정신계발 운동이다."
새마을운동은 하나의 정신혁명으로 볼 수 있다. 과거에 우리사회에
깔려 있었던 운명론과 체념 등 발전을 저해하는 요인들을 씻어내고
긍정적이고 참여 협동적인 국민의 태도를 강화하게 된 것은 바로
새마을운동이 있었기에 가능 하였다.
새마을운동을 통하여 주민들에게 발전적 가치관을 확립시키고 이들
에게 근면, 자조, 협동의 새마을정신을 함양하여 이를 생활화하도록
하였다. 또한 생활의 과학화와 병행하여 전승문화에 대한 가치를
재인식하고 민족주체성을 강화하는 기풍을 진작시켰다.
따라서 새마을운동을 문화적 측면에서 국민의 정신계발 운동으로
볼 수 있을 것이다.

(5).역사 창조의 측면

"새마을운동은 민족중흥을 위한 새 역사 창조 운동이다."
많은 사회운동들이 발전의 원동력으로 승화되지 못하고 또한 전통
과 융합되고 지속되지 못한데 비해 새마을운동은 한국근대화의 역
사 속에서 창출되어 민족주체에 의한 운동으로 역사창조에 하나의
원동력이 되었다. 새마을운동은 한국근대사 발전상에 획기적인 전
환점을 이룩하게 하였고 민족사의 추진주체로서의 역할을 수행하여
왔다. 6.25 이후 국가 존망의 위기들을 극복하면서 민족주체성의
확립을 위한 새 역사 창조의 필요성을 인식하게 된 결과 이에 대한
공감대가 새마을운동을 통해 국민 각 계층에 널리 파급된 것이라
하겠다.

4). 새마을운동의 정신과 이념

(1). 정신과 이념

  새마을운동 추진과정에서 가장 많이 쓰이면서도 개념상의 뚜렷한 구분 없이 사용된 것이 정신과 이념이라고 하겠다. 사전에 의하면 정신은 마음이나 생각이며 철학적으로는 지성적, 이성적인 능동적, 목적의식적인 능력을 뜻한다. 이념은 이성으로부터 얻어지는 최고의 개념으로 온 경험을 통제하는 주체이다.

  한편, 의식형태 또는 관념형태라는 의미에서 볼 때 이데올로기는 관념에 가깝다. 또한 이데올로기를 "인간행동의 기본이 되는 근본적인 사고, 관념형태, 또는 정치, 사회에 관한 기본적인 사회의식, 사상경향"이라 할 때 새마을운동의 이념은 곧 새마을운동의 이데올로기가 된다.

  위와 같은 관점에서 새마을정신은 새마을운동의 목적의식적인 사고능력이고 새마을운동의 이념은 새마을운동 참여자의 행동의 기본이 되는 근본적인 사회의식, 사상경향이라 할 수 있다. 그러나 양자의 차이는 사실 정신과 이데올로기의 용어자체만으로는 아직도 명료하지 못하다. 새마을운동이 지향하는 바와 연관 하에서 파악됨이 옳다.

  요컨대 새마을운동의 이데올로기는 유토피아적 이데올로기인 것이며 새마을정신은 유토피아의 구현에 소망스러운 덕목이라 하겠다. 새마을운동은 우리나라가 당면한 근대화작업의 성취를 위한 방안이므로 새마을운동은 목적이 아니라 수단으로서의 가치를 갖게 된다. 근대화의 성취를 위한 수단으로서의 새마을운동이 그 목적을 달성하기 위하여 국민의 역량을 결집시키고 동시에 지속적으로 심화 발전시키기 위한 국민 통합의 기본정신이 설정되어야 했다. 따라서 우리민족 전승의 근면정신, 자조정신 및 협동정신을 기본정신으로 새마을운동이 출범하였던 것이다.

  새마을운동의 정신과 이념은 새마을사업이 먼저 시작되고 사회운동으로 진화하는 과정에서 새마을운동이 지니고 있는 특성과 전승문화로부터 그 이념을 도출해 냈다고 할 수 있다. 일반적으로 인간 집단의 행동을 지배하는 가치관을 이념이라 할 때 새마을운동은 우리 국민 모두나 개인에 의해서 받아들여지는 가치나 신념체계라고 할 수 있으며 우리의 생활에서 삶을 이끌어 주는 정신의 원천이라 할 수 있다.

이러한 의미에서 새마을운동의 이념은 실현되어야 할 우리사회 전체가 공통적으로 추구하는 염원을 말하는 것이다. 사회의 공통적 염원으로서의 새마을 이념은 새마을운동으로 행하여지는 구체적인 사업 하나하나에 궁극적 목표를 통합해 주고 실천의 방향을 제시해 주고 사업의 우선순위를 정하여 주며 사업추진에 활력을 제공하여 주게 된다.

우리가 희구해왔던 염원은 정신적, 경제적, 사회적, 정치적인 근대화이었으므로 70년대 새마을운동의 이념은 바로 조국근대화의 성취로 요약된다.

이어서 새마을운동의 삼대정신과 새마을운동의 이념을 분야별로 고찰해 보기로 한다.

(2). 새마을운동의 3 대 정신

한나라가 선진국으로 부상하기 위하여서는 건전한 정신에 바탕을 둔 국민 태도의 강화가 요구된다. 이와 같은 노력이 누대를 통하여 지속될 때 그 나라의 역사에 발전이 따르게 되는 것이다. 역사 발전의 목적의식적인 정신만으로는 성숙되기 어렵다. 합리적인 이념적 기초가 성립되고 이에 따라 국민의 역량이 효율적으로 결집되어야 한다.

우리는 70년대부터 근면, 자조, 협동의 새마을정신을 기본윤리로 하여 우리의 역사를 창조하여왔다. 새마을운동에는 우리나라의 오랜 역사적 과정속의 여러 가지 가치개념들 중에서 근대화를 추진하기에 소망스러운 몇몇 개념들을 경험적으로 추출하여 그 기본정신으로 삼고 있다.

주지하는 바와 같이 그것은 "근면","자조","협동"이다. 1970년 우리 스스로가 우리 마을은 우리 손으로 가꾸어 나간다는 자조자립정신을 불러 일으켜 땀 흘려 일한다면 모든 마을이 멀지 않아 잘 살고 아담한 마을로 그 모습이 바꾸어지리라는 확신은 온 국민의 공감대로 확산되었다. 새마을운동의 성공이 인간을 초월한 어떤 독특한 비법에 있는 것이 아니라, 어느 나라의 역사나 국민성에서도 발견 되어지는 근면과 자조, 협동정신의 효율적 구현에 있었던 것이다.

이제 새마을운동의 3대 정신으로 정립된 근면, 자조, 협동정신을 각각 고찰해보기로 한다.

근면(Diligence) :

"능력에 따라 일하고 필요에 따라 취한다"는 것은 허구일 뿐만 아니라 기만이고 부조리다. 작은 바퀴가 큰 바퀴를 쫓아가려면 더 많이 굴러야 하는 것이다. 작은 바퀴의 노력, 이것이 바로 근면정신이다.

그러나 근면은 단순히 열심히 일하는 것만을 뜻하는 것은 아니다. 거기엔 노동을 신성시하고 꾸준한 노력으로 자신의 목적을 구현하고자 하는 성실성이 깃들여 있다. 뿐만 아니라 근면은 남의 권리를 강탈하는 부조리를 용납하지 않는다. 사회정의와 합리정신, 보다 낫은 효용을 창출하는 개척과 창조정신의 뿌리를 이룩 있다. 근면의 뿌리가 없는 곳에 개척과 창조를 통한 성취의 열매를 기대할 수 없으며 또한 합리는 비리에 구축되어 사회정의가 꽃필 수 없다. 지구상에 존재하는 모든 찬란한 문화유산과 발전적 역사는 바로 이 근면정신의 소산이다.

따라서 역사의 발전에 근면을 제외한 왕도는 없다고 할 수 있다. 지난 십여 년간 우리나라의 발전노력이 성공적인 것은 별다른 비결이 있어서 라기 보다 우리 조상으로부터 전승된 근면정신이 새마을운동을 통하여 십분 발로된 때문이라 생각된다.

자조(Self-help) :

인간의 실현과정은 자조의 과정이다. 자조의 노력이 밑받침 되지 않고는 어떤 분야에 있어서도 지속적 개선이 이루어지지 않는다. 자조정신이야 말로 인간의 존엄성을 스스로 확립하는 길이다. 자조를 통한 자립 없이는 자존심마저 상실하게 되기 때문이다. 자조정신은 개인이나 국민전체에게 창조적 역사발전을 위한 또 하나의 뿌리라 할 수 있다. 뿌리 없는 나무에 시비는 무의미한 것이다. 새마을운동 초기에 자조정신이 뚜렷한 마을만을 대상으로 선별 지원한 것은 바로 뿌리를 갖춘 나무에 시비하는 것과 같은 관점에서 비롯된 것이다.

자조정신은 또한 긍정적인 태도의 토대가 된다. 의타심은 불행을 남의 탓으로만 돌리기 쉽고 부정적인 태도를 강화하여 발전의 궤도에서 이탈하기 쉽게 된다. 인간의 모든 행, 불행이 숙명적인 것이라고는 종교에서 조차 인정치 않는 것이다. 그렇기 때문에 종교에서도 긍정적인 면, 즉 선을 쌓으라고 권장하는 것이다.

자조정신은 주체의식과도 일맥상통한다. 빈약한 자원과 협소한 국토에도 불구하고 이끌어 온 강인함이 오늘날에도 자조적 주체의식으로 전승된 데서 새마을운동이 그 일천한 역사에도 불구하고 큰 성과를 거두게 되었다 하겠다.

협동(Cooperation) :

협동정신은 일견 자조정신에 상반되는 개념 같지만 실은 "인간은 사회적 동물"이라는 관점에서 이해되어야 한다. **협동은 근면과 자조로서 지향하는 목표에 효과적으로 접근하기 위한 사회적 방법인 것이다.** 따라서 협동정신은 실질과 능률을 숭상한 우리조상들의 실학정신과 일맥상통 하는 것이다.

새마을운동을 통하여 시도된 많은 사업들에서 공동의 목표를 위하

여 주민들이 공동으로 노력을 기울인 결과는 협동의 효과가 개개인 능력의 산술적 합계 이상이라는 평범한 진리를 확인하는 산교육 이었다.

우리 조상들이 "형제들 개개인으로서는 큰 나뭇단을 꺾을 수 없으되 함께 힘을 합하면 쉽게 꺾을 수 있었다"는 이야기로 자손을 교육 시켜온 것은 비단 어느 한 국가와 어느 한 시대에만 적합한 교훈이 아니다.

협동정신은 또한 민주정신이다. 진정한 협동은 모든 참여자의 역량이 충분히 결집되는 것을 의미한다. 그 결집과정이 민주적 절차를 밟지 않고는 협동이 제대로 이루어질 수 없기 때문이다. 십여 년간 새마을운동에서 근면과 자조의 노력과 그 정신이 높이 진작되었지만 협동으로 이를 결집시키지 못했다면 그 성과는 상당히 달라졌을 것이다.

협동은 바로 여러 개의 구슬을 꿰는 실과 바늘 같은 것이다. 이와 같은 협동정신, 협동의 노력으로 추진해왔기에 새마을운동이 진정한 사회운동이요, 범국민운동이라 일컬을 수 있는 것이다.

2. 근대화 운동으로서의 새마을운동

1). 정신적 근대화 : 국민적 자각과 바르게 살기의 지향

우리가 오랫동안 경제적으로 잘 살지 못했던 것은 자원의 빈곤에도 원인이 있겠지만 그 첫째는 정신을 구현하는 시대적 여건이 빈약했기 때문이 아닌가 여겨진다. 우리조상은 가난을 천시하지 않았다. 그것은 불의의 축재에 의한 재부보다는 정의로운 가난, 즉 청빈을 명예롭게 여긴 탓이다. 따라서 근면, 성실한 노력에 의해 이루어진 재부에 가치를 부여한 것이다. 그러나 수탈적 일제의 압제 하에서 근면 성실한 노력은 그 보상이 없었고 6.25 전화 역시 같은 영향을 끼쳤다.

일제의 잔재와 6.25의 전화를 극복하고 60~70년대의 고도성장으로부터 우리는 근면의 대가를 확신하게 되었다. 우리 마을을 우리 손으로 가꾸어 나간다는 자조, 자립정신을 강화하여 땀 흘려 일하면 머지않아 잘 사는 마을로 그 모습이 바꾸어지리라 지도자의 신념은 지도자 개인의 소신일 뿐만 아니라 시대적 여건이 조성된 결과 온 국민의 공감된 의지가 그렇게 표현된 것이다.

어떤 국민운동이던 그 운동의 기저를 이루는 것은 그 운동을 통해서 잘살 수 있고 바르게 살 수 있다는 신념을 갖는 것이며 이것이 새마을운동의 첫 단계가 되는 것이다. 이러한 의지의 결집이 운동의 성공을 위한 첫 걸음이 되기 때문이다.

이 때문에 새마을운동의 성공요인으로서 첫 번째로 거론되는 것은 새마을운동이 국민적 자각을 유발했고 동기부여의 자극을 주었다는 점을 지적한다.

국민에게 "우리도 한 번 잘 살아보자", "우리도 잘 살 수 있다"는 기대와 성취동기를 부여해 준 것은 정신적 근대화의 시발이며 새마을운동이 지속적으로 발전 가능케 한 핵심이었다. 또한 새마을운동은 물질적으로 잘 사는데 만 목표를 두지는 않았다. 그 방법과 과정에 있어서 바르게 잘 사는 것이 중요하기 때문이다.

그것은 우리 사회가 일제의 수탈과 6.25의 국가적 재난을 겪고 산업화와 도시화로 가치관의 혼돈을 가져오기도 하였지만 기독교, 불교와 유교사상이 복합된 건전한 가치관이 바탕을 이루고 있어 가능한 것이라 하겠다.

2). 정치적 근대화: 참여 민주주의의 지향

새마을운동은 우리나라의 민주화에 구체적으로 어떤 역할을 하게 되었나를 살펴봄으로서 새마을운동 이념과 민주주의 지향의 관계를 검토하고자 한다.

첫째, 마을주민들이 공공문제에 대해서 깊은 관심을 갖게 되었으며 공공문제에 대한 의사결정에 효과적으로 참여하는 방법을 배웠다. 마을주민들은 새마을사업을 수행하면서 마을의 현황에 대하여 자세하게 알게 되었고 브레인스토밍으로 발전계획을 수립하고 마을의 공동재산이나 기금의 관리능력도 강화할 수 있게 되었다. 마을을 근대화하는데 민주적 역량이 필요했고 새마을운동의 수행과정에서 마을주민은 그 역량을 강화할 수 있었다.

둘째, 여러 분야에서 여성의 역할이 크게 확대되고 그 과정에서 **여성의 능력과 지위가 향상되었다.** 새마을운동을 추진하는 과정에서 여성들도 남자들 못지않게 열심히 참여하고 활동적이었다. 전통적으로 한국의 여성은 대체로 밖에서의 활동을 하지 않는 편이었고 더구나 가정문제를 떠나 공공문제에 관여하는 일은 매우 드물었다, 이제는 사정이 달라져 여성들의 참여 없이는 새마을운동이 어려울 정도로 되었고 70년대 새마을운동도 활성화되기 어려웠을 것이라는 평가까지 가능하게 되었다.

결과적으로 새마을운동은 여성들의 사회적 활동범위를 크게 넓혔고 지위향상에도 큰 기여를 하였다. 이것은 새마을운동이 가져온 민주화의 한 측면이라고 보아도 좋을 것이다.

셋째, 농촌지역에 있어서 새로운 유형의 새마을지도자가 출현하였다.

과거에 농촌지역의 지도층은 사회적 지위의식이 매우 높고 또 대단히 권위주의적이었다. 그들은 봉사를 통하여 존경받기 보다는 사회 경제적 또는 혈연적 우위로 군림한 사람들이 적지 않았다. 그러나 주민들에 의하여 새마을지도자로 선출되는 사람들은 지역주민들에게 비교적 오랫동안 많은 덕행을 쌓은 사람들이다, 그들은 사회 경제적 또는 혈연적 우위 때문이 아니라 마을의 사업수행에 필요한 지도자적 자질을 갖추었기 때문에 지도자가 된 것이다. 그들은 자기 자신의 일에 성실하였을 뿐만 아니라 마을의 발전과 장래를 위하여 말없이 봉사해 온 사람들이다. 이와 같이 **성실하고 유능한 사람들이 마을의 지도자적인 위치에 서서 정부시책의 수행과 마을 자**

체의 일을 수행하게 됨으로써 자연스럽게 민주주의의 기본적인 토대를 마련하게 된 것이다. 그들은 대부분 자신의 사회적 지위나 공명을 요구한 바가 없으며 마을 주민들에 의하여 지도자의 역할을 맡아 주도록 간청을 받았고 또한 마을을 위해 헌신해 온 사람들이다.

넷째, 거의 모든 마을에 주민 자치의결의 장(場)인 새마을회관이 생겼다.

새마을회관이 생김으로써 자주 모이게 되고 모여서는 공동문제에 대하여 의견을 나누고 때로는 교육도 받으며 상호 협조할 수 있는 분위기자 조성된 것이다. 이로 인하여 주민들이 공동의 문제를 해결하는 자치능력이 향상되고 민주주의 토착화의 길에 진일보하게 된 것이다.

다섯째, 새마을운동은 그 자체가 민주주의적 요소를 다분히 내포하고 있다.

근면은 경제적 자립을 기반으로 한 자주성을 가져다주는 것으로서 서구에게도 민주주의를 잉태한 자본주의의 기본적 윤리중의 하나이다. 일에 대한 사랑과 소명(김命) 의식으로서의 근면은 프로테스탄티즘 윤리의 핵심인 것이다. 게다가 근면을 전제로 하지 않은 자조와 협동은 무의미한 것이며 존재하지도 않는다. 자조는 개인이나 국가가 궁극적으로 추구하고자 하는 주체적 의지이며 동시에 율기성가(律己成家)를 내용으로 하는 민주주의의 기본요건이다. 협동도 협의에 대한 믿음과 공동체의식을 전제로 한 민주주의의 주요한 정신이다.

IV. 새마을 운동의 전개 과정

1. 농촌 새마을운동

1). 목표설정과 사업내용

1970년 새마을 가꾸기 사업으로 시작한 농촌새마을운동은 처음엔 많은 사람들이 회의적인가운데 시험적으로 출발했으나 그 성과가 기대 이상으로 높은 실적을 올림으로써 계속 발전시켜 나가야겠다는 확신을 갖게 했고 추진과정도 보다 체계적으로 할 필요성을 느끼게 했다.

이에 따라 농촌새마을운동의 네 가지 기본목표가 설정되었다.

첫째는 농민들의 근면, 자조, 협동하는 새마을 정신을 북돋우고 "하면 된다"는 자신감을 통한 정신계발을 목표로 설정하였고

둘째는 생산기반을 조성하고 농외소득의 기회를 확대시켜 농가소득을 증대하는 목표를 설정하였으며

셋째는 농촌의 생활환경을 개선하고

넷째는 농업기술의 혁신을 목표로 설정하였다.

이들 목표를 효과적으로 달성하기 위하여 지난 10여년간 기반조성단계, 자조발전단계, 자립완성단계 등 단계별로 세부계획을 수립하고 이를 시행하였다.

새마을운동은 지난날 빈곤과 체념 속에서 살아온 농민들로 하여금 가난이 남의 탓이 아니라 자기책임이라는 자각과 능동적인 태도를 강화하기 시작했다.

농촌새마을운동은 농민들의 의식개혁을 유발함으로써 빈곤과 체념의 악순환에서 벗어나도록 하였다. 이를 위하여 근면과 자조, 협동정신을 높이려고 노력하여 왔다. 특히 우리 민족이 조상으로부터 물려받은 상부상조의 미덕을 되살려서 "우리"라는 공동체의식을 새

마을 사업 수행에 보다 효율적으로 연계시키는데 깊은 관심이 주어졌다. 또한 "하면 된다"는 자신감을 부여하는데 많은 노력을 기울였다.

이 같은 정신계발의 강조는 새마을 사업의 성과가 물적 투입뿐만 아니라 태도강화가 병행되어야 지속될 수 있기 때문이다.

정신계발의 또 다른 측면은 부녀자의 사회 참여에 보수적인 주민의 태도를 개선하여 새마을운동에 여성의 역할을 제고하는데 있었다. 이것은 유휴노동력을 생산적인 일에 활용할 수 있었다는 의의를 넘어서 부녀자들이 인습의 굴레를 탈피하여 매사에 스스로 참여할 수 있는 분위기를 조성하여 삶의 기회를 늘이는 복지의 측면도 내포하고 있는 것이다.

정신계발의 측면에 있어서는 농촌에서 뿐만 아니라 도시와 산업체에서, 각 종교단체와 언론기관 및 각 급 학교의 기여가 큰 비중을 차지했다. 이들 기관은 근세이후 국민정신계발에 전통적으로 크게 기여해오고 있는 것이다.

산업사회의 발달과 더불어 농업부문에서도 상업적 영농체제로의 전환이 진행되었다. 전통적인 농업 생산 방식에 혁신기술이 도입되었고 농촌새마을운동을 통해서 이것이 촉진되었다. 새마을운동은 농촌지도사업과 같이 추진되면서 미작중심의 전통 작부체계에서 벗어나 시설원예 보급과 농기계의 도입과 품종개량을 통한 생산성 향상에도 주력하게 되었다. 이와 같은 변화에 요구되는 혁신기술은 정부기관(농촌진흥청)의 품종 개량과 기술지도 및 금융지원(농협)에 힘입는 바 크다. 이와 더불어 의욕적인 농촌지도자들이 선진지 견학을 통해 능동적으로 혁신기술을 수용하고 이를 주민에게 확산하는 풍토가 조성되었다.

축산분야의 기술이전에는 사료 및 약품회사의 지역부장(distric manager)들의 판촉활동을 통한 기여도 간과할 수 없다. 또한 각 급 학교의 교직자와 학생들의 헤아릴 수 없는 자원봉사는, 지금도 계속되고 있지만, 그 고귀한 정신뿐만 아니라 실제 기여도 면에서도 괄목할만한 것이다.

우리나라는 전통적인 농본국을 자처하고 있으면서도 주곡자급에도 미달하여 외미를 도입하고 있었으며 60년대까지는 신품종 개발의 실적도 만족할 만큼 이루어지지 못하고 있었다. 또한 영농기술면에서도 전통성을 탈피하지 못하고 있었다. 이에 농촌 새마을운동의 일환으로 식량자급의 목적을 달성키 위하여 신품종의 개발 보급과 아울러 영농기술의 혁신이 중요한 과제로 등장케 되었던 것이다.

시범단지를 조성하여 모든 농민이 수시로 관찰할 수 있도록 한 것이 신품종의 보급에 크게 기여하였다. 단지에서는 생육상황과 모든 작업관계를 기록케 하고 농민 스스로가 이에 적극적으로 참여하여 기술을 습득하고 영농기술의 수용하게 하였다.

통일벼계통 신품종의 보급을 통하여 식량을 증산하고 농가소득을 증대하는 노력은 1970년대 전반기부터 새마을운동의 일환으로 추진되었다. 이와 병행하여 새마을운동을 통하여 강화된 근면. 자조. 협동정신에 입각하여 못자리부터 모내기 외 시비(施肥) 및 병충해 방제 작업에 이르기까지 전승의 공동 작업으로 규모의 경제를 통해 농업경영을 효율화 하였다.

특히 다수확 신품종의 보급과 함께 미곡단지, 원예단지 및 축산단지의 개발이 활발하게 추진되었다. 그 밖에도 과학기술의 보급에 의한 과학영농을 위하여 과학기술처에서 새마을 기술봉사단을 조직하였다. 여기에 학계와 기술전문가들이 적극적으로 참여하는 가운데 영농기술 혁신을 추진하였다. 새마을 기술봉사단은 부문별로 분과를 두고 각 시.도에 지부를 설치하여 체계적이고 기동성 있는 현지 지도를 실시케 하였다.

2). 생산성제고와 소득증대

생산성의 제고로 농가의 소득을 증대하는 것은 농촌 새마을 운동의 중요한 목표였다. 이 목표를 달성하기 위하여 농촌 새마을 운동의 초기단계에 농토 확장, 경지정리, 수리시설 등 하부구조의 개선에 역점을 두었다. 이와 함께 원예. 축산. 양어 등에 공동 작업이 시도되었고 병충해의 공동방제, 농기계의 공동이용 등 협동영농체제도 도입되었다.

농가소득 증대를 위한 소득구심사업의 추진은 1960년대 중반기에 이루어졌다. 농업기본법의 입법정신에 따라 농림시책의 기본방향을 식량작물 증산 위주에서 농수산물 가격유지를 비롯한 경제작물의 주산지 조성사업 실시 등 농어가 소득 증대시책으로 점차 방향전환을 시도하면서부터였다.

1970년대 이전까지는 특정인 중심으로 추진되던 것을 마을 중심 사업으로 전환케 하여 새마을 지도자가 중심이 된 새마을 사업으로 추진하게 하였다. 따라서 사업명칭이 새마을 소득증대사업으로 바뀐 가운데 농가소득 증대를 위한 소득구심사업이 활발하게 추진되었다.

새마을 소득증대 특별사업은 마을 단위로 생산 품목을 전문화하여 주산지화 하므로 써 농어민의 소득을 높이는데 중점을 두었다. 또한 사업실적이우수한 마을을 우선 지원하여 마을간 경쟁을 통한 투자효과의 증대와 더불어 마을 주민의 협동 추진력을 제고하였다.

동시에 사업 품목에는 수출을 주축으로 한 안정된 생산품목에 지원을 강화하였고 각 지역단위의 산지에서 지속적인 생산과 유통의 체계화가 이루어지도록 추진되었다. 잠사. 양송이 등 특용작물, 원예작물 등이 새마을 소득증대사업 추진의 주요 대상 품목이었다.

그밖에 농업생산물을 효율적으로 보관하고 관리하기 위한 새마을 창고의 건립을 적극 추진하였다.

생산협동사업은 일반영농단지의 조성을 비롯하여 원예단지 및 축산단지 등의 육성을 지도하였으며 작목별로 작목반을 조직 운영케 함으로써 협동생산의 기반을 조성함과 동시에 유통체계의 근대화를 추진하였다.

3). 환경개선

주민들의 참여의욕을 높여 새마을 운동을 장기적으로 지속시키기 위해서는 사업의 효과가 빨리 나타나야하므로 추진하기 쉬운 사업이 우선적으로 선택되었다. 환경개선 분야가 바로 여기에 해당되는데 시기별로 다음과 같이 단계적으로 시행되었다.

첫째 위생적인 환경조성을 위한 지붕과 담장 변소와 축사 등의 개량

둘째 영농과 생활정보의 신속한 교환과 벽지의 안보망을 강화하기 위한 통신시설사업

셋째 주민의 편의 제고를 위한 마을단위 공동이용시설물로서 창고, 구판장, 회관, 목욕탕 등의 설치

넷째 쾌적한 환경조성을 위한 국도변 가꾸기, 소도읍 가꾸기, 관광지 가꾸기 사업 등, 나중에는 근본적으로 마을 전체의 취락구조를 개선하는 방향으로 사업을 추진.

이러한 사업을 수행하는 과정에서 농촌의 부녀자와 청소년들을 적극 참여시켜 유휴노동력을 생산적으로 활용하게 되었다. 그리고 모래, 자갈을 비롯한 기타 유휴자원을 이용한 것 또한 의의가 크다. 인적, 물적, 유휴자원을 이용하여 주민들의 삶의 질 개선을 가져오도록 함으로써 새마을 운동이 최소비용 투입으로 최대 성과를 거둘 수 있도록 하였다.

지붕개량 사업이 농촌새마을 운동초창기인 1971년부터 전국적으로 확산, 전개되어 1976년에 이르러 거의 마무리 단계에 이르게 되었다. 그 후속사업으로 농촌주택개량사업의 추진과 병행한 농촌취락구조 개선사업이 1977년부터 본격적으로 시작되었다.

1971년에 농촌 환경개선의 방향이 농촌주택개량으로 발전된 것은 농가소득이 향상되어 생활에 대한 여유를 갖게 되었기 때문이다. 농민들의 주택에 대한 안목이 높아지게 되고 농민의 욕구에 부응하여 농촌주택의 개량이 소망스러운 사업으로 대두되었던 것이다. 한

편으로는 비농업부문의 급격한 발전과 도시화에 따라 농촌 환경의 정비개선 역시 지붕개량으로부터 농촌취락구조 개선사업으로 확대하여 도농간 균형발전을 추진할 필요성이 대두되었기 때문이었다. 농촌취락구조 개선사업의 추진은 주택의 개량을 비롯하여 마을안길, 마을 공동시설의 설치, 부속건물의 개량 등으로 취락의 구조를 개선해서 근대화된 농촌을 건설하고자 한 것이다. 이들 사업이 가급적 마을 단위로 추진된 것은 기존의 농촌 마을들이 극히 산만하고 도로 사정이 열악하게 조성된 때문이었다. 따라서 농촌의 취락구조 정비를 통하여 대형 농기계의 도입이 용이하고 도시의 주거환경에 비해 손색이 없는 농촌을 건설하고자 하는 측면에서 추진된 것이다.

농촌취락구조 개선사업은 마을의 유형을 A, B, C 세 가지로 분류하여 추진하였다. A형은 고속도로의 통과로 마을과 농토가 단절된 경우나 수해상습지 등을 대상으로 전체 농가를 구릉지 등 적정한 위치로 이전시켜 토지이용을 고도화하면서 새롭고 근대적인 마을의 면모를 갖추도록 하였다. B형은 현재의 마을 위치에서 마을의 구조를 보다 생산적이고 편익위주로 정비하면서 불량주택을 개축하는 방향에서 추진하였다. 아울러 C형은 마을구조의 부분적 개선을 필요로 하는 마을에서 5~6동 정도를 개축하도록 한 것이다.

4). 새마을 공장의 지역분산

농촌 지역의 선도적 농외소득증대시책으로 상공부가 주관하여 1973년부터 새마을 공장의 지방 분산이 추진되었다. 1973년에 111개의 새마을 공장이 지정 설립된 이후 1974년부터 1978년까지 441개 공장 1979년도에는 137개가 설립되는 등 689개의 공장이 설립되었다. 이것은 무엇보다도 경제성장의 고도화 및 가속화 속에서도 새마을 공장의 지방 분산을 통한 지역경제성장이 국민경제의 균형발전의 차원에서 중요한 과제로 제기되었기 때문이다.

그러므로 경제정책의 전반에 대하여 공간의 합목적적 이용에 대한 체계를 세우고 그와 같이 세워진 체계에 따라 산업의 입지별 적정분산은 농외소득 제고와 아울러 인구 분산을 유도하기 위한 중요한 과제가 되었다. 새마을 공장의 지방 분산을 통한 산업의 적정 배치는 공업화가 진행됨에 따라서 거점 도시가 발전되고 마침내는 주변 농촌의 농외소득 기회가 창출될 것이라는 기대 속에서 새마을운동의 일환으로 추진되었다.

또한 새마을 공장의 농촌지역 유치는 농민의 계절적 유휴 노동력을 흡수하고 공장 주변을 중심으로 사회 간접자본의 투입에 의한 새로운 지역산업 구조를 구축하며 원료의 생산과 소규모의 관련 서비스 업종을 형성케 함으로써 농업과 공업을 연결시켜 자연자원과 인적자원을 효율적으로 활용하고자 이루어진 것이다.

만일 농촌지역에서 새마을 공장의 경영이 좀 더 성공적이면 인구의 u턴도 기대할 수 있고 청장년의 이농을 방지하여 농업 노동력의 노령화에 대한 하나의 근본 대책이 될 수 있었을 것이다.

5). 추진전략

(1). 맞춤형지원과 선택과 집중

농촌새마을 사업에 대한 지원에 있어서는 마을의 장기계획에 바탕을 두고 지원해 나가는 한편 마을의 자율적 발전의욕을 더욱 계발하여 마을사업을 단계적으로 완결시켜 나가도록 했다. **마을사업 상호간에 유기적인 연결을 지어나가면서 기능적으로 체계화시켜 사업 효과를 높여 나가는 한편 우수마을에 대해 중점적으로 지원하였다.** 그리고 사업을 지원하는 영역에 있어서는 모든 새마을 사업을 주민 자력사업, 기본 지원 사업, 특별 지원 사업으로 유형화하여 추진하였다.

- **주민자력사업** : 정부나 지방자치단체의 지원 없이 오직 주민 자력으로 추진해 나가는 퇴비증산, 마을기금조성사업 등 이었다.

- **기본 지원 사업** : 시멘트와 철근 등 기본자재를 일부 지원해 줌으로써 추진되게 하는 사업으로서 마을안길 정비, 하수구, 소규모 수리시설 등의 사업이 이에 포함되었다.
- **특별 지원 사업** : 사업의 성질에 따라 사업별로 주관부처의 기준에 의하여 추진해 나가는 사업이며 농경지정리, 농어촌전화사업 그리고 대부분의 마을공동소득사업 등이 이에 속해 있었다.

 농촌새마을운동의 성과를 높이기 위해서 모든 지방행정에서 읍면 행정의 체질을 개선하여 마을에 대한 지도력을 적극 강화하고 조림 양묘(養苗)등 마을 관리 사업을 점차 넓혀가도록 하였다. 한편으로는 지원해야 할 사업의 성격을 기본사업, 지원사업, 소득사업으로 구분하여 이에 따라 지원하는 유관부처를 정하였다. 따라서 새마을 사업은 정부유관부처가 상호 협조하에 소관 사업을 지원하여 추진하였다.

 여기에서 기본사업으로 농로개선, 지붕개량 및 기타 생활환경개선 사업 등을 내용으로 하였고 이들 사업은 내무부에서 지원하였다.

 그리고 지원 사업으로서는 노임사업과 문화 복지사업으로 분류하였다. 국토 가꾸기, 소도로 가꾸기, 소하천 가꾸기 등을 통한 노임 사업은 내무부가 지원하였으며 지원 사업 중의 다른 하나인 문화 복지사업은 사업 성격에 따라 관련 부처에서 지원하였다. 농어촌 전화 사업은 상공부가, 농촌표준주택은 건설부가, 간이급수시설 및 이동진료는 보건사회부가 맡아했으며 마을 통신시설은 체신부에서, 메탄가스시설 지도는 농촌진흥청에서 각각 지원하였다.

 한편 소득사업은 소득구심사업과 새마을 생산 사업으로 크게 구분하였으며 소득 구심사업에 있어서 마을조림과 양묘는 산림청에서, 농가 공산품 사업은 상공부가 맡아 지도하였다.

 농가소득 증대를 위한 새마을 생산 사업은 각 작목의 집단재배를 비롯한 퇴비증산, 병충해방제, 토지이용도 증가 등 생산협동사업과 생산구조개선 사업을 주된 사업으로 설정하고 이들 사업에 대해서는 농수산부가 지원하였다.

(2). 마을의 발전단계별 육성

1973년도에 전국의 모든 마을을 그 발전수준에 따라 기초마을 자조마을 자립마을로 분류하였다. 이것은 마을의 발전수준에 따라서 지원 및 지도방법을 달리하는 것이 효과적이었기 때문이다. 1972년에 정부가 분류한 유형별 마을수는 기초마을이 1만8천415마을이고 자조마을이 1만3천943마을 그리고 자립마을이 2천3백7마을 이었다. 다음으로는 마을의 발전단계에 따라 점차 이행해 나가야 할 표준사업을 설정하였다. 기초마을에서 자조마을로 그리고 자조마을에서 자립마을로 발전해 나가는데 있어 마을주민들이 앞으로 무엇을 해 나가야 할 것인가를 스스로 판단할 수 있게 하기 위한 것이었다.

- **기초마을** : 새마을 사업이 이제 막 시작된 마을로 주로 농로확장과 지붕개량, 소하천보수, 공동빨래터 만들기 등 새마을 가꾸기 사업을 펴나가는 마을이다. 기초마을에서는 정부의 지원으로 시멘트 500부대와 철근 1톤이 지급되는 기본 지원형태의 지원을 받았는데 환경개선과 정신계발을 통해서 자조의욕을 점화시키는데 역점을 두었다.

- **자조마을** : 정부의 기본지원을 받아 대체로 새마을 가꾸기 사업이 마무리되어 가는 단계에 있는 마을로서 새마을 가꾸기 사업 이외에 소하천정비 등의 사업을 펴가는 한편 취로사업과 공동 양축장, 공동 양묘장 등의 공동농장을 통하여 마을 기금 50만원 조성을 목표로 하였다. 이 자조마을에 대한 정부지원은 기초마을에 대한 기본지원과는 달리 그의 성과에 따라 충분한 지원을 하기로 하였다.

- **자립마을** : 최종단계의 자립마을로 성장하게 도면 자조마을 단계에서 마무리 짓지 못했던 공동소득사업을 위시하여 생산기반사

업, 문화 복지사업, 소득구심사업, 생산협동사업 등의 사업을 벌이게 되었다. 또한 자립 마을로서의 자격 취득 및 사업추진에 필요한 마을기금 1백만 원 이상을 조성하게 되었다. 한편 정부는 자립마을을 새마을운동에 있어서 선도적 역할을 담당케 하기 위하여 우선 지원방침을 세우고 적극적으로 육성시켜 나갔다.

따라서 정부가 설정한 마을 수준별 표준사업도 다분히 예시적인 것으로서 그 중에서 가장 공통적이고 필수적인 것만을 골라 마을 수준별 필수기준사업으로 제시해 놓았다.

농촌새마을 운동의 추진 초기단계에 있어서 새마을운동을 통하여 1981년까지 달성하기로 설정한 목표는 소득 면에 있어서는 모든 농가가 호당 평균 140만원을 달성하고 또 마을의 수준에 있어서는 전국 3만4천871개의 모든 마을이 자립마을로 발전되게 한다는 것이었다. 그리고 이를 추진하는데 있어서는 1973년까지를 기반조성단계, 1976년까지를 자조발전단계 그리고 1981년 까지를 자립완성단계로 보아 연차적으로 다음과 같이 추진해 나가기로 계획하였다.

첫째 1973년 까지는 새마을 정신의 점화와 가열에 의한 자조기풍의 확립에 중점을 두고 기초마을 30%, 자조마을 60%, 자립마을 10%선으로 발전되어 나갈 수 있을 것으로 판단하였다.

둘째 1974년에서는 1976년까지의 자조발전단계에 있어서는 이제까지 조성된 자조협동력을 바탕으로 발전시켜 모든 마을이 기초마을단계에서 벗어나 자조마을 60% 자립마을 40%의 수준으로 이끌어 나갈 방침을 세웠다.

셋째, 자립완성단계에서는 소득기반을 완비하고 농외소득을 획기적으로 증대시켜 나가면서 목표연도인 1981년까지는 모든 마을이 자립마을로 발전되게끔 각 단계별 목표를 설정했으며 이에 따라 연차별로 사업목표를 설정하여 마을을 육성해 나갈 방침이었다.

(3). 마을의 입지유형별 육성

전국의 농촌을 입지별로 구분하면 평야마을, 중간마을, 산촌마을, 어촌마을로 나눌 수 있다. 모든 마을은 입지적 여건이 각각 다른 것처럼 그 나름대로의 독특한 개성을 가지고 있다. 따라서 정부는 다음과 같이 마을의 특성에 알맞은 방법을 택하여 효율적으로 발전시켜 나갈 방침을 세웠다.

8,104개의 평야마을은 농업기계화의 선도 역할을 하도록 육성할 방침아래 농경지의 정리를 비롯한 농기계센터의 설치, 농산물 가공시설의 설립 등을 중점 지도 하였다.

18,995개의 중간마을에 대하여는 적정 전업농으로 육성할 방침아래 준기업 축산을 비롯하여 적정작물 개발 및 연료림 조성 등의 사업을 중점 지도사업으로 설정하였다.

4,330개의 도시근교마을에 대하여는 시설원예를 비롯한 과수 및 가내수공업을 중점 지도키로 하였다.

1,583개의 어촌마을에 대하여는 어업시설의 근대화를 촉진하기 위한 어로설비개선을 비롯한 방파제, 선착장의 개축 및 양식사업 등을 중점적으로 지도키로 하였다.

1,953개의 산촌마을에 대해서는 임산소득원을 중점적으로 개발한다는 방침아래 대단위 유실수 및 용재림을 조성하는 것을 비롯하여 초지를 조성하고 생약 및 고랭지채소 재배 등을 중점 지도할 계획을 세웠다.

물론 이러한 입지적 여건별 마을에 대한 육성계획은 장기발전계획의 일환으로서 추진되었다.

(4). 사업권역의 확대

농촌새마을운동은 마을단위에서 점화되어 성공한 연후에 대규모사업의 추진을 위하여 그 권역을 점차 확대 발전시켜 나가야 했다. 이 같은 필요성에 따라서 새마을사업도 마을단위 사업에서 마을간 사업으로 그리고 읍면단위의 지역 공동사업으로 그 규모와 영역을 넓혀갈 방침을 세웠다.

그리고 사업추진과정에 있어서는 지방사업과 유기적으로 연결 지어 기능별 계통별 연결원칙을 견지해 가면서 새마을사업을 발전적으로 유도해 나가기 시작하였다.

마을간 공동사업 및 공동이용시설로서는 농산물 중간집하장의 설치를 비롯하여 농기계센터의 설치, 농산물 가공시설의 설립, 지역 내 도로의 정비 등을 추진하였다. 농촌사회의 발전은 시계열적으로 단절된 상태에서 이룩될 수는 없다. 지속적인 축적과정을 거쳐 발전이 이루어지는 것이므로 그 동안 새마을운동을 통하여 쌓아올린 발전의 토대 위에서 새로운 발전지표에 따라 부단히 성장하여 가는 것이 중요한 과제가 되었다.

농촌자립도 향상계획은 지금까지의 마을권 단위의 소규모사업에서 점차 지리적 여건, 사회적 및 경제적 입지 등 제반여건이 비슷한 몇 개 마을 간에 상호 협동하여 추진하는 협동권 사업으로 확대시키도록 하였다.

2. 도시새마을 운동

우리나라에서는 인구 5만이상의 지역이 법에 의하여 시로 승격되면 이를 도시로 간주한다. 도시지역은 여러 가지 측면에서 농촌지역과는 상이한 특성을 갖는다.

첫째, 도시사람들은 지역배경, 교육배경, 직업배경, 가치관 등이 이질적이기 때문에 상호간에 의사소통이 잘 되지 않는다.

둘째로 도시사람들은 주거지와 직업을 자주 바꾸는 경향이 있기 때문에 어느 한 고장에 뿌리를 박고 이웃과 친근하게 지내기가 어렵다.

셋째로 도시사람들은 농촌사람들에 비해서 과거의 전통을 숭상하는 경향이 비교적 약하다.

넷째로 도시사람들은 신속한 교통수단으로 인하여 지역적 이동이 용이하며 또 많은 고용기회로 인하여 사회, 경제적 신분의 이동이 빈번하다.

다섯째, 물질주의 또는 금전만능주의가 도시사회에서는 우세한 행동양식이 되기도 한다.

여섯째로 도시 사람들은 각기 자기 일에만 열중하고 개인의 행복과 쾌락에 보다 많은 관심을 갖는 경향이 있다. 이와 같은 개인주의는 사회성원간의 협동심보다도 경쟁과 갈등을 초래하기 쉽다.

이상의 논의를 종합할 때 도시의 구조적 특색의 하나는 분화에서 구할 수 있는데 이는 농촌과 비교할 때 우선 무엇보다 생산과 소비의 분화이다. 또 하나의 특징은 개인의 지위와 역할의 분화에서 개인적인 상하관계의 형성을 의미하는 계층의 분화로서 수직적 구조를 형성한다.

도시인은 위와 같은 특성으로 비공식적 사회통제의 힘이 약화되므로 인해서 전체사회의 규범에서 이탈되기 쉽다. 이런 상황 하에서는 전통적인 농촌에서 볼 수 있는 비공식적 사회 통제력이 개인의 행동을 크게 지배치 못한다. 공식적인 법적 통제에 의해서 움직이는 사회가 된다.

또한 도시에는 인구과잉. 빈곤, 실업, 교통난, 질병, 범죄, 자살, 정치와 관료제의 병폐, 각종 공해, 주택난 등 실로 많은 문제를 안고 있으며 이는 정부의 행정수요 증대는 물론, 국민복지적 차원의 문제가 된다. 이러한 현상은 특히 대도시의 인구집중이 해를 거듭할수록 심화되어 적정기준을 초과하여 과밀해지면 사회간접자본의 투자는 수요를 따르지 못하여 유발된다. 따라서 전체경제의 한계공급비용이 급등함으로써 도시재정의 만성적인 적자를 면치 못하게 한다. 이렇게 해서 나타난 사회간접자본의 수급불균형이 시민생활에 미치는 직접적인 악영향은 첫째 도로, 상하수도 시설의 부족, 둘째 주택난, 셋째 교육시설의 부족, 넷째 보건위생 시설의 부족, 다섯째 교통난과 함께 나타나는 것이 사회불안과 환경오염이다.

따라서 인구팽창에 맞추어 투자가 뒤따르지 못할 때 단기적으로는 각종 범죄와 사회적인 불안을 낳고 장기적으로 사회적 비용의 증대로 지역경제의 효율을 떨어뜨려 과집적의 역기능으로서 사회문제의 악순환을 초래하게 된다.

이상에서 살펴본 도시인의 특성은 사회전반 특히 농촌에 대비해서 상호간에 이질감을 유발시키고 지역 간의 격차는 상대적 박탈감과 국민총화의 저해 마저 유발하게 된다. .

위에서 고찰한 바와 같이 도시에서는 이미 자연이나 혈연관계에 기초를 둔 가족이나 씨족 또는 지역공동체는 점차 해체현상을 보이고 사라들의 생활형태도 전근대적인 집단으로부터 직장, 학교, 소비 단체 등 근대적인 기능집단으로 옮겨가게 된다. 그리하여 도시인들에 대해서는 통제기능이 약하고 지역사회의 통합이 어려우며 공동체적 일체감을 형성하기도 곤란하다.

따라서 도시새마을운동은 그 활동목표가 준법정신의 정착, 소비절약의 실천, 인보 협동 등 3대 시민운동의 활성화를 비롯하여 쾌적한 도시환경조성과 자연보호운동에 치중되었다. 시민의식과 환경개선을 중심으로 하고 친절하고 예절바른 선진문화상 정립과 깨끗하고 아름다운 품격 높은 도시환경조성을 기본 목표로 삼고 있으며 이것이 도시새마을운동의 특성으로 되었다.

농촌지역에 있어서의 근대화의 열기와 성과 그리고 근면, 자조, 협동의 새마을운동을 일부 도시사회의 지식인, 기업인, 사회지도층 인사들이 그들의 가정, 공장, 직장, 소속 집단 등에서 그들에게 알맞은 형태의 도시새마을운동을 산발적으로 펼치기 시작하였다.

70년대 도시새마을운동이 추진되어 왔던 과정은 일반적으로 세단계로 구분된다. 1972~74년간의 초기단계, 1975~77년간의 자조단계, 1978년 이후로부터 새마을운동이 민주도로 되기 이전까지의 자율성장의 단계가 그것이다.

<표13> 도시새마을운동의 발전단계별 주요 추진내용

년 도	발전단계	추진내용
72~74	기초단계	·생활환경정비 ·새마을운동추진협의회 결성 ·자율적새마을운동의 풍토 조성
75~77	자조단계	·새마을정신의 생활화 ·정신, 협동, 환경의 3대질성 운도 ·범국민적 참여기풍 조성
78~80	자립단계 (자율성장의 단계)	·새마을 이념에 입각한 시민상 정립 ·자율적인 참여기풍 고취 ·정신, 행동, 환경 질서의 3대운동 전개

 1972년 5월 18일 새마을소득증대 촉진대회에서 "새마을운동은 우리민족의 일대 약진운동이며 범국민적 운동이 되어야 한다"는 박정희 대통령의 훈시를 계기로 새마을운동이 농촌에서만 국한된 것이 아니고 도시를 비롯한 범국민적 운동으로 확산되기에 이르렀다.

 그 이후 1973년 정부에서는 도시새마을 운동의 중점사업으로 가로 하수도 및 주택 환경개선 등 생활환경정비와 청소 공한지 녹화 휴지통 설치 등 지역사회 정화운동을 추진토록 하였다. 그리고 새로운 시민정신계발을 위한 자매결연사업, 저축운동 등을 전개토록 하였다.

 1974년에 들어와서는 기업인, 경제인, 종교인, 언론인 및 공무원 등 각계 인사들이 공감과 각성으로 새마을운동추진협의회를 결성함과 동시에 새마을운동 추진대회를 가짐으로써 그들의 가정, 직장, 공장, 학교 및 지역사회에서 새마을운동을 점화시킬 것을 다짐하였다.

 1975년은 도시새마을운동의 도약의 연도로 정하고 그의 기본추진 방향을 근면, 자조, 협동의 새마을 정신의 생활화, 근검소비절약에 의한 내핍생활의 실천은 물론 국민총화단결을 가져옴과 동시 모든 시민의 청소운동의 일상화, 골목 가로 및 하천의 정비, 공한지 녹화의 가속화 등으로 설정하였다. 역점사업으로서는 청소, 능률향상,

부업 갖기, 심신수련, 사치제거, 식생활 개선, 생활간소화, 저축운동, 물자절약 등 10대 근검절약운동과 인보운동 및 도시환경 개선사업 등을 전개하였다.

그리고 1976년에는 도시새마을 운동이 본격화하여 감에 따라 기본목표를 도의와 질서에 둠으로써 첫째는 정신면에서 도의를 바탕으로 하는 질서관념을 정립하고 둘째는 행동 면에서 공익과 질서를 앞세우는 생활 자세를 확립하며 셋째는 환경면에서 안전과 능률 그리고 쾌적한 도시공간을 조성하는데 주력하였다.

그러나 도시새마을운동의 이러한 목표는 단시간에 쉽게 생활화될 수 있는 문제가 아니기 때문에 손쉬운 일, 쉽게 실천이 가능한 일에 착수하여 점진적으로 발전시켜 나가야 했다. 우선 차례로 줄서는 보행질서 지키기 운동, 휴지 안 버리고 침 안 뱉기 운동 및 고운 말 쓰고 예의 지키기 운동 등을 적극 전개시키는 소위 정신, 행동, 환경의 근대질서운동에 역점을 두어 범시민적 참여를 촉진시켰다.

1977년도는 도시새마을운동 심화의 해로 정함으로써 기본추진방향은 새마을 갖기 운동의 강력추진, 정의와 도의에 입각한 건전한 사회기강의 확립, 청소의 일상화, 범시민적 참여기풍 조성 등을 중점적으로 전개토록 하였다.

1978년도는 도시새마을 운동의 심화, 확산의 해로 정함과 동시에 기본시책으로는 3대질서, 9개 행동강령, 27개 실천목표를 자율적이고 자생적으로 실천토록 하였고 대대적인 새마을교육 및 홍보와 계도적 단속을 전개키로 하였다.

역점사업으로서는 질서홍보, 질서단속 및 질서유도, 시설물 확충과 더불어 새마을운동의 이념과 개개의 지역단위 및 직능단체의 고유목표를 직결시켜 도시새마을운동을 자율적이 자생적으로 발전시키도록 하였다.

도시새마을운동 발전의 기본방향 :

- 근검소비절약 및 저축의 생활화로 사치와 퇴폐풍조 일소,
- 직능별 새마을교육의 강화로 사회지도층 인사의 솔선 참여 방안
유도, - 주민참여 및 대화의 광장으로 반상회를 적극 활용하고,
- 경제적 협동의 거점 확대를 위하여 새마을금고를 강화 육성
  그밖에 정신, 행동, 환경 등 3대 질서운동의 지속화로 사회질서를
확립함과 아울러 도시환경조성으로 품위있고 쾌적한 도시를 형성하
며 자생적 도시새마을운동 협의회의 활동기능을 강화토록 하였다.

3. 공장새마을운동

  일찍부터 공업화와 근대화를 이룩한 서구의 합리주의와 기술의 개
발이 생산성을 제고한 것은 사실이다. 그러나 서구식의 능률주의
또는 기업가 정신 위주의 경영관리방식이 지나치게 강조되어 인간
은 단순한 생산도구화 되고 그 결과 인간소외 현상을 가져와 사회
적 갈등의 원인이 되기도 했다. 또한 근로자와 사용자간에 심한 마
찰을 유발하기도 한다. 이것이 오늘날 선진국이 겪고 있는 가장 큰
병폐의 하나이다.
우리의 전통 문화 속에는 이를 극복할 수 있는 가족적 노사관계의
분위기가 있고 상부상조의 생활윤리가 미덕으로 존중되는 유교문화
의 바탕이 있다. 이와 같은 한국적 경영의 특성은 생산성을 높이고
보다 많은 일자리를 만들어 생활수준을 향상시켜 나가는 방향으로
유도되었다. 그런데 역사적으로 어느 국가에서나 발전의 초기에는
분배보다 자본의 창출이 중요시되어 온 점과 크게 다르지 않다.
  그러나 일단 어느 정도 국민 자본이 형성되고 나면 분배의 형평이
성취해야할 궁극적 발전목표의 하나로 대두된다. 우리나라도 60년
대와 70년대의 고도성장 결과 70년대 후반기부터 분배문제가 크게
대두되었고 이에 대한 노력이 점차 이루어져왔다. 근면, 자조, 협동
의 새마을정신은 우리의 기업풍토에 한국 특유의 새로운 노사관계
를 정립해 나가는 노력을 기울였다. 즉 사용자는 기업의 공익성과

근로자의 작업환경 개선 등 종업원의 복지증진에 보다 많은 관심을 요구받고 근로자는 헌신적으로 참여하여 기업의 생산성이 높아지도록 노력하여 왔다. 공장근로자가 단순한 생산과정뿐만 아니라 여러 가지의 의사결정 과정에도 능동적으로 참여하는 것이 생산성 향상뿐만 아니라 작업장의 분위기, 근로자의 작업만족도 등의 개선에 매우 효과적이었다.

"종업원을 가족처럼, 공장 일을 내일처럼"의 표어와 같이 공장새마을운동의 본질이 바로 여기에 있는 것이다. 우리가 짧은 기간에 놀랄만한 경제발전과 공업화를 이룩해 왔는데 이는 앞으로도 지속시켜야 할 과제이다. 그러자면 능률을 극대화시켜야한다. 이것은 우리 고유의 미풍양속을 바탕으로 하여 경영공동체적인 기업 윤리관에 입각한 능률주의가 채택되어야 한다는 것이며 여기에 공장새마을운동의 본질이 있다.

이와 같은 본질을 갖고 있는 공장새마을운동은 어떠한 특성을 갖고 추진되어 왔는가?

공장새마을운동은 정신 계발운동으로서의 특성을 지닌다. 추진해 나가는 과정에서 종업원들의 애사심의 향상, 이직율의 감소, 근검절약하는 생활자세로 근면한 직장풍토가 조성되고 창의노력의 구현을 통해 제안제도, 분임활동이 활성화되어 직장의 발전을 통해 자기도 성장할 수 있는 자조활동을 꾸준히 전개하는 것이었다. 또한 인보활동을 통해 협동하는 생활을 정착하는데 공장새마을운동의 목표를 두었다.

상공부는 1974년 3월 제1차로 200개 시범공장의 지정을 비롯하여 제2차로 300개 공장을 추가로 선정하였으며 동년 6월 11개 공장에 대한 선진사례를 발굴하여 그 책자를 배포함으로써 공장새마을운동 추진방식의 정리된 유형을 널리 홍보하였다.

또한 이들 500개 시범공장에 대한 지도활동을 통하여 공장새마을운동을 본궤도에 진입시키게 되었다.

1977년 2월 정부는 공장새마을운동의 시범업체가 증가함에 따라 그 지도적 기능을 담당하게 하기 위하여 대한상공회의소 안에 공장새마을운동 추진본부를 설치하였다. 이로써 공장새마을운동은 민간단체에 의하여 자주적이며 자발적으로 추진하게 되었다.

80년대는 고도산업 사회를 이끌어 나갈 기업의 경영이념과 위치를 정립시키고 또한 기업들이 근대적인 산업사회를 형성하고 발전시키기 위해 사회적 책임이 매우 강조되었던 시기였다.

기업의 사회적 책임과 고도산업사회로의 이행을 위한 자조발전단계에서 공장새마을운동은 직장의 제2가정화 운동을 통하여 노사관계의 개선을 추진하는데 기여하고자 하였다.

그런데 1979년의 제2차 석유파동의 영향과 80년대 이후 정치권의 무관심 등으로 새마을운동이 정체되었다.

V. 새마을금고 운동

1.새마을금고의 기원과 이념

새마을 금고는 이웃 간에 서로 돕고 사랑하며 협동하는 우리 고유의 자율적 협동조직인 계, 향약, 두레 등 마을생활의 공동체 정신을 계승하고, 협동조합의 원리에 의한 신용 사업, 공제사업 등의 생활금융과 문화 복지후생 사업, 지역사회개발사업 등을 통하여 회원의 삶의 질을 향상시키고 나아가 지역공동체의 발전과 국민 경제의 균형발전에 기여하는 금융협동조합이다.

1). 새마을 금고의 기원

새마을금고의 역사적 뿌리는 전승의 협동조직인 품앗이, 계, 두레, 보 등이라 할 수 있다. 특히 계는 현대의 소액금융(Micro Credit)의 원조라 하겠는데 그 발전한 형태가 마을금고인 것이다. 마을금고는 1963년에 경상남도에 설립된 다섯 개의 조합(마을금고)에서부터 시작되었다.

- 5월 25일 산청군 생초면 하둔리
- 5월 26일 창녕군 성산면 월곡리
- 6월 3일 의령군 의령면 정암리
- 6월 9일 의령군 의령면 외시리
- 6월 12일 남해군 남해면 마산리

초기의 마을금고 운동은 뚜렷한 이념과 체계적인 조직을 갖추지 못한 상태였으며 초기 명칭은 금고가 아닌 신용조합이었다.
초기 마을금고 설립 주체는 재건국민운동본부 경상남도지회 요원들이 였다. 당시 신용조합의 교육기구였던 협동조합 봉사회의 제3

차 신협 지도자 강습회 때 자극을 받고 각자 자기 마을에 돌아가 조합 운동을 전개했기 때문이다.

이렇게 시작된 운동은 급속히 뻗어 나가 1963년 말에 경상남도 지역에서 모두 115개의 조합이 설립되었다. 마을금고는 재건국민운동중앙회가 해체된 1975년 12월까지 가장 주된 사업으로 지도, 육성되었다.

2). 새마을금고의 이념과 비전

새마을금고는 우리 고유의 상부상조 정신을 계승하고 현대화한 것으로써 협동조합의 원리에 따라 운영하며 회원의 경제적. 사회적 지위 향상을 도모하는 금융협동조합이다. 또한 새마을금고는 회원의 삶의 질을 향상하는데 그치지 않고 다양한 지역개발사업을 전개하여 지역공동체 발전에 기여하고 있으며, 회원들의 생활수준 향상에 주력함으로써 국민 경제의 균형 발전에도 일익을 담당하고 있다.

이러한 목적 달성을 위한 수단으로써 새마을금고는 서민금융. 지역금융 등 경제적 기능과 회원복지사업, 지역개발사업 등 사회적 기능을 수행하고 있다. 두 기능이 새마을금고의 존재이념에 초점이 맞춰짐으로써 기업이나 다른 비영리조직이 하기 어려운 바람직하고 가치 있는 역할을 담당하고 있다.

한 마디로 새마을금고는 회원의 삶의 질의 향상과 지역공동체, 나아가 우리 사회 전체의 모습이 풍요롭고 조화로운 사회가 되도록 하는 데서 찾을 수 있으므로 새마을금고의 존재이념을 '참여와 협동으로 풍요로운 생활공동체 창조'로 정하였다.

3). 새마을금고의 정신

새마을금고 인이 새마을금고라는 공동체 생활을 영위해 감에 있어서 공통적으로 이해하고 지녀야 할 가장 중요한 행동기준이라고 말할 수 있다. 새마을금고인의 정신은 설립 이후 오랜 역사 속에서 새마을 금고 인들이 함께 느끼고 생활하면서 자연스럽게 형성된 덕목으로써, 존재이념이나 경영이념의 실천적 행동요소라고도 할 수 있다. 다만, 그것이 불변의 것은 아니며 급변하는 시대적 상황에 대응하기 위하여 모든 새마을금고 인들이 스스로 가져야 되겠다고 자각하고 실천하는 정신을 의미한다. 특히 새마을금고의 대부분의 업무가 사람을 위해서, 사람에 의해서 이루어지므로 구성원들의 역할이 어느 조직보다도 중요하다. 따라서 새마을금고 문화 창달의 성패는 임직원들에게 달려 있다고 할 수 있으며, 구성원들이 이러한 실천 정신을 이해하고 생활함으로써 각자의 역할과 본분을 다할 때 새마을금고의 성장·발전은 물론 꿈과 보람이 있는 일터를 만들 수 있다는 차원에서 새마을금고인의 정신은 '자조(창의, 도전), 호혜(사랑, 봉사), 공동체(성실, 책임)'로 정했다.

새마을금고의 21세기의 비전은 '선진 종합금융협동조합'이다. 새마을금고의 비전은 일차적으로 회원들이 새마을금고를 통해 차원 높은 금융서비스를 제공받고 복지 사업의 혜택을 누림으로써 보다 안정되고 풍요로운 삶을 누릴 수 있는 회원 비전이 담겨져 있으며, 회원대한 봉사를 질적으로 향상시키고 환경 변화에 능동적으로 대처해 가기 위한 새마을금고의 업무 비전으로서 선진의 다양한 업무 기능을 확충해 나가겠다는 의지가 나타나 있다. 또한 이상적이고 미래지향적인 금융협동조합으로의 발전된 모습을 천명함으로써 지역사회의 발전과 임직원들의 보람을 위해서도 전력을 다하겠다는 비전이 있다.

2. 새마을금고의 발전

전국 새마을금고의 현황은 <표14>와 같다. 2005년 3월말 현재 금고 수 1,632개, 회원 수 14,518천명, 자산은 478,478억 원으로

금고 수는 합병 등으로 줄어들고 회원수와 자산은 꾸준히 증가하는 추세이다.

<표14> 금고 수 회원 수 및 자산에 대한 일반현황

구 분	금고수(개)	회원수(천명)	자산(억원)
1999년	2,126	11,338	350,018
2000년	1,817	14,596	366,368
2001년	1,730	12,417	395,879
2002년	1,701	12,977	415,370
2003년	1,671	13,733	439,399
2004년	1,647	14,359	475,670
2005년 3월말	1,632	14,518	478,478

새마을금고의 실제적인 현황을 알아보기 위해 예산 새마을금고와 새마을금고 연합회를 살펴보면 다음과 같다.

1) 예산 새마을금고

① 설립연도 : 1982년 6월 1일
② 입지 이유
새마을금고는 무엇보다 지역 주민을 위한 금융기관임으로 입지 선택에 있어서 사람이 많은 시장 근처를 선택하여 지역 주민들과 교류를 용이하게 하는 데 중점을 두었다.
③ 직원
전무 1명, 과장 2명, 직원 8명으로 총 11명이 근무하고 있다.
④ 활동 내역
금융기관으로서의 역할 즉, 여·수신사업을 중점적으로 하고 있으며, 지역의 활동으로는 주민 소득 사업에 기여하는데, 그 예로 중앙 초등학교나 덕산 초등학교 등에 장학 사업을 하고 있다.
⑤ 이익 분배
수신사업을 통해 얻어진 차액으로 직원에게 급여 및 출자금으로

나가게 된다. 또한 장학 사업 등 주민 복지에 필요한 자금 등으로 나뉘어 쓰이고 있다.

⑥ 특징

새마을금고는 연합회를 가지고 있는데, 새마을금고의 목표나 활동은 이 연합회에서 정해지고 있다. 연합회 장은 조합원들에 의해 4년 마다 투표로 정해지며, 그 아래에 대의원, 이사 등으로 이루어진다. 또한 대주주가 없으며 회원들의 권리는 동등하다. 대출은 누구나 1,000만원이상 할 수 없게 되어 있다.

새마을금고는 회원제이며 정규 회원, 비회원, 일반 회원으로 이루어지며, 정규 회원이 되기 위해서는 회원 가입을 하고 출자금을 받아야 한다. 출자란 회사 주식의 개념으로 출자를 하게 되면 회원이면 누구나 비과세 혜택을 받을 수 있다.

새마을금고는 IMF 금융환란을 무사히 넘긴 유일한 금융 기관으로, 정부의 공적 제재를 받지 않는다. 그 이유는 여타의 다른 금융기관들이 정부의 공적 자금을 빌려 운영함으로써, 정부의 제재를 받지만 새마을 금고는 새마을 금고 연합회에서 개별적으로 운영하며 소규모 자산만 해도 170억 정도를 가지고 있다.

⑦ 운영

자금 운영은 매년 10월에서 11월 사이 총 소득의 평균을 계산하여 다음 해의 예산을 측정하게 된다. 금오새마을금고는 약 10억 정도를 유통하고 있다. 인력 운영은 직원들은 순환 업무를 하는데, 이것은 사고 방지와 직원들의 업무 능력을 고려한 까닭이다.

⑧ 장점

새마을금고의 장점으로는 제일 먼저 기타의 다른 금융 기관보다 자율적인 분위기이다. 이것은 새마을금고가 단순히 금융 기관이라기보다 주민 은행으로서의 성격이 강하기 때문이다. 새마을금고는 소규모로 그 지역 마을 주민과의 교류에 힘쓰며 신뢰 관계로 이루어진 지역 단체의 성격이 강하다.

자금 면에서, 매년 소득의 2/1,000 씩 보관하여 안전기금을 마련해 놓는다. 이것은 불의의 사고로 예금자들의 돈에 손해가 생겼을 경우 10조원 이하의 돈은 금고 자체에서 보상해준다. 곧 새마을금고는 보험성을 가지고 있는 셈이다.

⑨ 개선해야 할 점

새마을금고는 제 2 금융권으로 분리되어 제 1금융권인 은행보다 서비스나 업무 면에서 뒤쳐지는데, 진급 면에서 은행 등은 시험으로 진급의 기회가 주어지지만 새마을금고는 그렇지 못하다. 그러나 수년 내에 은행화가 되고, 지문 인식의 예금 인출기 등 첨단 기기를 마련, 다른 금융 기관과 연계 등 업무나 서비스가 점점 좋아질 것으로 보인다.

2). 새마을금고 연합회

(1). 개요

① 기능

새마을금고 연합회는 새마을금고 업무의 지도감독, 공동이익 증진, 건전한 발전을 도모하고자 한다.

② 주요 사업

 ○ 지도·감독사업 : 금고의 경영지원 및 감독 · 검사

 ○ 신용사업 : 금고의 운용자금 조절(중앙은행으로서의 역할)

 ○ 공제사업 : 금고 및 금고의 회원을 위한 공제사업

 ○ 교육·홍보사업 : 금고 및 연합회 임직원의 교육훈련 및 대외 홍보

 ○ 조사·연구사업 : 금고 및 연합회의 장기 발전을 위한 국내·외 조사 및 연구 활동

 ○ 국제협력사업 : 국제협동조합 기구와 우호 증진 및 협력강화 등

 ○ 예금자보호준비금 관리사업 : 금고 회원의 예 · 적금 환급

보장을 위한 예금자 보호기능
③ 전 략
○ 복합화 전략
- 종합 금융체제 구축
- 수익구조의 다원화
- 회원 정보 서비스 강화를 위한 D/B구축
- 공제사업의 전략적 추진
○ 자율화 전략
- 경영 시스템의 효율적 개선
- 전략적 업적 평가 강화
- 선진 경영 관리 시스템 정착
- 사고예방 및 감독 기능 강화
- 위험 관리 시스템 구축 및 운용
○ 지역화 전략
- 금고 경영의 투명성 제고
- 금고 구조 조정의 지속 추진
- 금고 자산 건전성 강화
- 과학적 마케팅 역량 구축
- 지역 복지사업의 체계적 추진
○ 정보화 전략
- 전산부문 투자효율 극대화
- 재난방재 시스템 구축
- 금고 data의 집중화 추진
- 전자금융환경 적응 인프라구축
○ 인간화 전략
- 창의적 인적자원 관리
- 금고인력의 효율적 관리방안 강구
- 교육 훈련체계 정립

(2). 사업성과

① 재무제표
가. 종합회계

　　사업성과는 재무제표를 통해 알 수 있는데 <표15 >는 종합
회계 대차대조표이다. 한편 대차대조표는 기업의 일정시점에 있어
서의 자산·부채·자본의 상태를 표시하는 보고서이다. 2004년도는 1
년 전에 비하여 현금예치금은 60.5% 수준인 1,094억원이었으나 자
산총계는 132,206억원으로 전년도에 비하여 114.9%로 늘었다. 부
채총계도 113.1%가 늘어 129,689억원이었다.

<표 15> 종합회계 대차대조표　　　　　　　　(단위 : 억원)

과　목	2003	2004
현금예치금	1,809	1,094
유가증권	99,572	114,096
대출채권	7,571	8,076
고정자산	1,563	1,526
기타자산	4,526	7,414
자산총계	115,041	132,206
예탁금	94,840	107,457
공제계약준비금	14,943	15,774
고유목적사업준비금	－	－
기타부채	4,897	6,458
부채총계	114,680	129,689
자본금	4,389	4,888
자본잉여금	3	3
이익잉여금	△4,290	△3,750
자본조정	259	1,376
자본총계	361	2,517
부채와 자본 총계	115,041	132,206

나. 회계별

회계별 대차대조표는 <표16 >과 같다. 2004년말 현재 자산 총계는 일반회계 111,817억원, 예·보 특별회계 3,095억원, 공제사업 특별회계 17,983억원이다.

(3). 새마을 금고의 목적 사업

① 신용사업

새마을금고가 행할 수 있는 신용사업으로는 회원으로부터 예탁금과 적금의 수납, 회원에 대한 자금의 대출, 내국환, 국가공공단체 및 금융기관의 업무대리, 회원을 위한 보호 예수업무 등을 할 수 있으며, 이러한 사업과 관련되는 소요자금의 차입, 이자율의 최고한도, 대출한도, 여유자금의 운영 등에 대해서도 시행령으로 필요사항을 규정하고 있다.

② 문화 복지·후생사업

새마을금고는 회원의 문화 및 복지생활을 향상시키기 위해 필요한 각종 시설물을 설치 및 관리하여 이를 회원에게 이용시킬 수 있다. 문화 복지생활에 필요한 각종의 공공시설이란 경로당, 미용원, 예식장, 식당, 목욕탕, 세탁소 등 공동이용을 위한 물적·인적시설 이다.

<표16 > 회계별 대차대조표(2004.12. 31현재)　　　(단위 : 억원)

과 목	일반회계	예·보 특별회계	공제사업특별회계
현금예치금	1,077	–	–
유가증권	99,247	–	14,849
대출채권	5,246	2,789	40
자금수수자산	–	123	334
고정자산	1,490	52	–
기타자산	4,757	131	2,760
자산총계	111,817	3,095	17,983
예탁금	107,457	–	–
공제계약준비금	–	–	15,774
고유목적사업준비금	–	–	–
자금수수부채	457	–	–
기타부채	5,875	3	812
부채총계	113,789	3	16,586
자본금	1,797	3,092	–
자본잉여금	3	–	–
이익잉여금	△4,623	–	872
자본조정	851	–	525
자본총계	△1,972	3,092	1,397
부채와 자본총계	111,817	3,095	17,983

③ 회원에 대한 교육사업

　새마을금고는 회원에 대한 교육을 통하여 조직되고 그 기능을 확대시켜 나간다. 따라서 금고에 있어서 교육은 지도원칙의 중추를 이룬다.

　첫째, 주민밀착경영, 즉 지역사회복지 및 개발사업이 새마을금고의 성장 과 발전에 지대한 영향력을 주는 요인임을 알 수 있다.

　둘째, 대부분의 새마을금고에서는 지역사회복지 및 개발사업을 직영체제로 관리 및 운영해 왔는데, 이로 인한 여러 가지 문제점이 발생함으로서 점차 간접운영이나 타 관련기관 및 조직과의 협력을 모색하는 방향으로 전환되고 있다. 그리고 직영체제로 지역사회복지 및 개발사업을 성공적으로 달성하기 위해서는 전문적이고 양질의 복지 서비스를 제공해야 한다는 점 또한 시사하고 있다.

셋째, 전국 우수새마을금고는 지역사회개발의 수단이며 핵심인 다양한 지역사회조직과 협력관계를 잘 구축하여 효율적으로 지역사회복지 및 개발사업을 수행하고 있다. 「1인은 만인을 위하여 만인은 1인을 위하여」라는 희생봉사정신과 개척자적 협동정신을 최대한 발휘하는데 역점을 두는 정신교육과 경제적 협동운동을 효과적으로 전개하기 위한 경제교육 및 발전 지향적 사회를 창출하려는 사회교육이 주종을 이룬다.

④ 지역사회개발사업

지역사회개발사업은 새마을금고 유대권내의 주민 즉 회원들에게 쾌적하고 안정된 문화생활을 영위케 하기 위하여 생활주변의 환경정비와 지역적인 연대감에 바탕을 둔 근린생활이 이루어지게 하는 사업으로 새마을금고가 수행하는 지역사회개발사업의 구체적인 것으로는 구판사업, 새마을공장, 청소·조경 사업, 공동이용사업, 창고사업, 가축사육사업, 공동경작사업, 주택사업, 기타 이에 준하는 사업을 수익사업으로 시행할 수 있으며 마을환경개선, 생산기반사업, 기타 이에 준하는 사업 등을 비수익사업으로 시행할 수 있다.

⑤ 회원에 대한 공제사업

새마을금고에서 회원을 대상으로 실시하는 공제사업은 일정한 우연적 사건에 의하여 발생되는 경제적 불안에 대비하기 위한 경제준비의 사회적 형태로서 다수의 회원들이 결합하여 확률계산에 의거 공평한 자금부담을 하는 경제제도로 공제의 기본적인 요소는 일정한 우연적 사건의 발생, 경제 불안에 대비한 경제준비, 다수 경제주체의 결합, 공평한 자금의 갹출, 사회적 경제시설 등이 그 요소가 된다. 새마을금고의 공제사업에 대해서는 공제규정을 정하여 내무부장관의 승인을 얻어야 시행할 수 있으며 내무부장관은 이 경우 재무부장관과 사전 협의하여 인가토록 하고 공제규정에는 내무부장관이 정하는 바에 의하여 사업의 실시방법, 공제규약 및 공제요약 등을 규정으로 정하도록 하고 있다.

(4). 새마을 금고와 지역 사회 복지

첫째, 주민밀착경영, 즉 지역사회복지 및 개발사업이 새마을금고의 성장과 발전에 지대한 영향력을 주는 요인임을 알 수 있다.

둘째, 대부분의 새마을금고에서는 지역사회복지 및 개발사업을 직영체제로 관리 및 운영해 왔는데, 이로 인한 여러 가지 문제점이 발생함으로서 점차 간접운영이나 타 관련기관 및 조직과의 협력을 모색하는 방향으로 전환되고 있다. 그리고 직영체제로 지역사회복지 및 개발사업을 성공적으로 달성하기 위해서는 전문적이고 양질의 복지 서비스를 제공해야 한다는 점 또한 시사하고 있다.

셋째, 전국 우수새마을금고는 지역사회개발의 수단이며 핵심인 다양한 지역사회조직과 협력관계를 잘 구축하여 효율적으로 지역사회복지 및 개발 사업을 수행하고 있다

VI. 새마을교육

1. 새마을연수원의 연혁과 교육내용

새마을운동은 새마을사업을 통하여 지역개발에 힘쓰고, 새마을 교육을 통하여 국민정신을 계발하는데 중점을 두고 실천하여 왔다. 새마을교육은 농촌진흥청, 지자체의 농업기술원과 농업기술센터와 농촌공사 등 각급 연수원과 영남대학교, 경운대학교 및 가나안농군학교, 안양새마을연수원과 복지농도원 등 다양한 GO와 NGO들도 수행하고 있다. 그러나 1970년대 초 새마을운동 출범과 같이 전 국민을 대상으로 또한 외국인 지도자들을 대상으로 가장 많은 수료생을 배출한 기관은 단연 새마을운동중앙회중앙연수원 이다. 그 연혁은 다음과 같다.

1972
- 01월 14일 - 독농가 연수원으로 설립 (경기 고양 농협대학 내)

1973
- 04월 08일 - 농민회관(수원소재)으로 이전
- 05월 31일 - 새마을지도자 연수원으로 개칭

1980
- 04월 22일 - 특수법인으로 발전적 개편

1983
- 04월 26일 - 현 위치로 신축 이전(경기 성남시 분당구 율동 200)
- 12월 31일 - 새마을운동중앙본부로 통합

1990
- 01월 01일 - 새마을운동중앙연수원으로 개칭

1993
- 11월 10일 - 부설 보육교사교육원 개원

1994
- 04월 03일 - 부설 연수원 어린이집 개원

2000
- 03월 19일 - 새마을운동중앙회중앙연수원으로 개칭

국민정신이란 그 국민의 역사의식, 국가의식, 가족의식, 도덕의식, 종교의식 등 국민의 국가에 대해 귀속의식을 인식하거나 또는 그렇게 하는 정신적 체계라고 말할 수 있다. 그러므로 국민정신이란 폭넓고 관념적이고 추상적인 특성 때문에 국민정신교육의 내용 및 범위설정에 있어서 때로는 많은 혼란이 야기된다. 교육과정과 교재의 선택, 강사의 배정 등에 따라 그 내용을 일률적으로 규정짓는다는 것은 매우 어려운 일이기 때문이다. 일반적으로 기술교육이나 직무에 필요한 교육은 교육담당자가 그 훈련과정의 목표를 쉽게 설정할 수 있으나 정신교육은 정신적 가치나 태도에 관련되는 내용이므로 그 지표를 설정하기가 그리 쉽지 않다. 그러나 모든 교육과정이 그러하듯이 새마을교육을 포함한 정신교육의 교육과정도 교육 참가자의 교육에 대한 수요에 부응하도록 편성되어야 할 것이다.

현재의 중앙연수원의 교육목적과 중점 교육내용 등을 살펴보면 다음과 같다(http://www.sucti.com/). 오늘날 중앙 연수원의 새마을교육은 초창기에 비하여 질적으로 상당한 발전을 기록하고 있다. 그것은 교수요원의 수준제고와 아울러 교육공학적인 확충도 지속된 결과다.

1). 교육목표[10]

- 「제2새마을운동」을 선도하는 국민운동가 육성
- 나눔·봉사·배려의 선진 국민정신 함양
- 사회갈등 해소와 국민화합의 공동체 정신 복원
- 미래의 국가발전을 이끌어 나갈 젊은 인재 양성
- 새마을운동 세계화를 위한 저개발국가 리더 육성

2). 교육방향

- 제2새마을운동의 4대 중점과제에 대한 사업이 효과있게 추진될 수 있도록 공동체만들기 운동 과정의 신설 및 보완
- 정부의 국정방향과 지방자치단체의 시도, 시군구정에 부응한 현안과제 해결을 위한 공감대 형성과 추진의식 고취
- 중앙의 정책 방향이 시군구, 읍면동 새마을현장에서 실천 및 행동화 하도록 뒷받침 – 새마을활동 현장 거점 마련
- 새마을교육의 특성을 살린 생활교육, 상호교육, 사례교육, 참여교육의 활력있는 추진으로 감동을 주는 연수 실시
- 외국인 새마을교육으로 새마을운동 세계화 확산과 국가 브랜드를 제고하는데 기여

3). 부문별 교육중점 내용

(1).국민정신함양과정

- 리·통단위의 신규 새마을지도자(사회단체 남·여회원)에 대한 새마을정신과 실천덕목 고취와 지역사회 리더십과 사업

---

10) 오치선, "도시학교 새마을교육의 새로운 방향 설정에 관한 연구", 연세교육과학 제11집, 연세대학교 교육대학원, 1977

추진기법 전수
- 일선조직 회장, 총무, 청년리더 등 임원의 조직역량 강화와 리더십 배양
- 건강한 사회의 국민정신 함양을 위한 국민 독서문화 분위기 확산을 선도하는 운동가 양성
- 자유 민주주의에 대한 확고한 가치관 정립과 올바른 책임의식 인지로 고장사랑 나라사랑 정신 고취
- ☞ 새마을지도자, 읍면동 사회단체 남·여리더, 각급 기관·단체 청년회원, 시군구국장, 단위문고지도자, 자원봉사자, 공직자, 지역주민 및 지역 유지 등

(2).공동체만들기과정

- 급속한 사회발전과 더불어 붕괴된 공동체 문화 회복을 위한 나눔·봉사·배려의 주민주도형 마을만들기 교육
- 협동조합기본법 제정과 관련 고용, 복지 환경 등 사회공동체 이익을 함께 추구하는 상생경제의 모델인 협동조합 과정을 신설하여 조합설립 분위기 확산 및 지역경제 활성화
- 지역공동체활성화과정을 신설하여 지역현안문제 자력해결과 지역의 활력화 제고로 지역사회 통합 및 건강한공동체 육성
- 가족간의 따뜻한 사랑과 이해로 화목한 가정을 만들기 위한 가족구성원간의 역할인식 고취
- 결혼 이주여성과 더불어 함께 잘 사는 살기 좋은 지역 만들기 위한 멘토의 역할 및 구체적 내용 교육
- ☞ 새마을지도자, 지역리더(여론 형성층), 마을만들기추진위원, 지역주민, 다문화가정 멘토, 사회단체 회원, 리·통장, 공직자, 지회국장 등

(3).청소년 과정 - 한국의 미래를 생각하는 차세대 지도자 육성

- Y-SMU포럼 조직 역량 강화 지역별 활동 사례 교환 및 차세대 지도자 역할
- 청소년들에게 꿈과 자신감 배양과 공동체 속에서의 인성계발 수련
- 생활예절 및 애향·애국심의 배양, 미래의 주인공으로서 진취적 기상 고취
- ☞ Y-SMU포럼 회원, 새마을장학금 수혜자, 중·고교생·대학생 희망자, 청소년 봉사단원 등

2. 새마을교육 교과 편성

다음의 교과목은 새마을 연수원을 중심으로 새마을 교육을 실시한 각급 연수원의 1980년대 주요 교과목을 총망라한 것이다. 각급 연수원에서는 교육대상과 교육기관 등을 고려하여 이들 교과목을 신축성 있게 채택하였다. 즉 연수원에 따라 교육대상에 따라 분야별로 그리고 교과목별로 고정된 교육과정이 편성되어 연수생에 대한 교육이 반복되었다.

<표17>새마을교육의 교과 내용

구분	교 과 목
새마을 운동	새마을운동의 이념, 새마을 운동의 성과와 발전방향, 새마을운동과 정신혁명, 민주도 새마을 운동과 시책 방향 새마을운동의 역사적 배경, 새마을운동의 추진기법, 새마을운동의 생활화, 선진조국 창조를 위한 지도자의 자세, 공장새마을운동의 기본 이념과 추진목표,

	공장새마을 분임조 활동, 새마을운동의 이념과 실천방안, 직장새마을운동의 실천방안, 새마을운동과 우리의 자세, 학교 새마을어머니회 운영 방안
국민정신교육	새시대의 국민윤리,우리민족의 역사와 문화, 참되게 사는 길. 한국 경제의 현황과 전망. 국가안보와 조국 통일, 공산주의 비판과 북한 실상, 한국인의 재발견, 선진조국의 국민자세, 직업윤리, 9개 덕목, 우리 경제의 현실, 민족사관, 우리 민족정신과 문화의 재창조, 국위선양을 위한 체육인의 자세, 미래 주인공의 나아갈 길, 올림픽과 국민자세, 증언. 한민족의 역사적 사명, 한국인의 긍지, 한반도 주변정세, 선진조국의 이상
국 가 시 책	인구억제와 가족계획, 새마을운동과 자연보호, 소비절약과 국산품 애용, 건전한 가정의례, 올림픽을 맞는 국민의 자세와 새마을운동, 국민생활과 보건위생, 선진국으로 가는길, 환경오염과 자연보호, 선진국민의 기본예절, 북괴의 대남 전략
생 활 교 양	지역사회개발과 주민지도, 언어순화, 바람직한 자녀교육, 사회 질서와 준법정신, 건강관리, 생활영어, 생활의 과학화, 2000년대를 향한 선진조국과 우리의 사명, 현대여성의 윤리관, 인간 상실과 인간회복, 인간의 사회성 계발. 복민운동, 사회발전과 가치관, 청소년 심리, 자원 봉사 활동, 미래를 위한 교육, 가정교육의 이상과 실제
지도력 배양	주님지도 기법, 3분 말하기. 지도력 개발, 스피치법 및 대화법, 설득화법, 변천하는 사회와 여성의 역할
심 신 단 련	한계능력 배양 훈련, 극기훈련
성 공 사 례	개척실담, 참된 삶과 보람의 결실, 저축왕 성공사례, 도시새마을운동 사례, 농촌새마을운동 사례 공장새마을운동 사례, 품질관리 분임활동 성공사례, 삶의 의지

수많은 교과목들 가운데 상당수가 내용이 중복될 가능성이 농후하다. 또한 대개의 사회교육 및 국민 정신교육분야에 있어서와 마찬가지로 학교교육 (초등학교 ~ 고등학교)에 비하여 정립된 교육과정의 틀이 없기 때문에 연수원에 따라 교수(주로 외래강사)에 따라 동일한 교과목의 경우에도 내용과 수준이 상이하게 될 가능성도 매우 높은 것으로 평가된다. 이같은 문제는 현재 각급 기관과 전문가들이 참여하는 새마을 교육에서도 종종 지적되고 있다.

교육대상에 따른 새마을교육의 교육과정과 과목별 배당시간을 복지농도원과 충남 도농민교육원을 예를 들어 살펴보면 다음과 같다.

새마을 지도자와 사회지도층 및 서비스업종사자를 위한 교육과정과 교과목별 배당시수는 교육 대상 사이에 큰 차이가 없으며 극기훈련, 오락, 체육 등을 제외하면 대체로 유사한 교육과정의 정신교

<표18> 운전기사반 새마을교육 교과목

구분	교　　　　과　　　　목
직무 교육	서비스업 종사자의 근무자세, 운전기사 생활영어, 부동산법 해설 첨단기술과 미래산업, 품질관리의 중요성과 추진자의 자세, 품질관리 분임활동 실무실습, 새마을운동과 직장인의 자세, 직장인과 직업윤리, 외국운전기사들이 정신자세, 교통질서와 안전운행, 교통도덕과 법령, 유통구조 개선, 융자금 신청 및 자금관리, 영농일지 작성요령, 외국의 농어촌 활동, 농어민 지도기법, 각종 특수작물 재배 및 관리, 효과적 교수법
기타	분임토의, 견학, 체육, 에러로빅댄스 영화, 명상의 시간, 건전가요 및 건전오락, 대화의 광장, 우정의 밤, 행군

육을 실시하고 있다.

청소년지도자에 대한 교육도 이에서 크게 벗어나지는 않으나 국민
정신교육과 기타3) 의 비중이 상대적으로 더욱 높다,

도농민교육원에서 실시되는 새마을 교육은 교육대상에 따라 교육
과정이 서로 다르지만 특히 농업분야의 지도자를 대상으로 하는 경
우 전문기술에 가장 큰 비중이 주어지고 있다.

<표19>새마을교육 대상별 교과편성 내용   단위 : 시간

과정명 교과편성	새마을1) 지도자	사회1) 지도층	서어비스1) 업종사자	청소년1) 지도자	축산2) 지도자
새 마 을 운 동	8	8	4	8	2
국 민 정 신 교 육	8	8	6	13	6
국 가 시 책	4	4	4	4	1
생 활 교 양	4	4	4	6	●
성 공 사 례	6	6	4	8	4
전 문 기 술	●	●	●	●	19
기 타3)	6	6	2	19	17

1) 복지 농도원 기준   2) 충남도농민교육원 기준
3) 분임토의. 새마을 극기훈련, 견학, 오락, 체육

한편, 농협지도자연수원의 교육과정은 다른 연수원들과 비교하여
볼때 몇가지 특성을 지니고 있다. 즉, 교육대상을 전국단위조합이
임원과 조합원으로 국한하고 단위조합의 임원과 조합원을 동시에
입교시키고 있다. 또한 그 교육과정이 협동조합교육과 농업기술교
육에 많은 비중이 주어져 있다.

3. 새마을 교육의 대상과 내용

 새마을교육은 거의 전 국민을 대상으로 하고 있다고 해도 과언이 아닐 정도로 교육의 대상이 광범위 하다. 그러나 새마을 연수원을 통하여 이루어지는 새마을 교육의 경우에는 주로 청소년 이상의 연령층을 대상으로 새마을 교육이 이루어져 왔다.

 한편 농협에서는 지역의 임원과 조합원을 동시에 입교시켜 교육하기도 하는데 이와 같은 교육방법을 농협에서는 "세트"교육이라고 칭하고 있다.

<표20>농협지도자연수원의 교과편성

구 분	교 과 목	시 간 수
정 신 교 육	선진조국 창조와 국민정신 나라경제와 우리의 자세 선진농민의 마음가짐 명상 및 노래 영 화	2 2 2 2 1
농 협 교 육	농촌 발전과 농협의 역할 나의 농협운동 경험 원장과의 대화 슬 라 이 드	2 2 1 0.5
	협동조직은 왜 필요한가 조직장의 역할 농업경영과 유통	2 2 2

협 동 조 직 교 육	영 농 기 술	복합영농형 축산의 방향	2
		최신영농기술(비육우 ● 낙농 ● 과수 ● 채소 ● 건강강좌)	3
	사 례 발 표		
	분 임 토 의	반 별 대 화	2.5
		협동조직에 관한 사례연구	4
		조합별 종합토의	3
견 학		선진마을 ● 생활물자하치장 ● 채소육종장 시범목장 ● 축산시험장 ● 원예시험장 등	7
협 동 잔 치		반 별 모 임(자기소개)	2
		반 조 직 활 동	1
		체 련	2
		민 속 잔 치	1.5
		수 료 전 야 제	1.5
합 계			54

주) 농협지도자 연수원

　1985전년까지의 새마을 교육전담기관에서 실시한 교육대상별 교육대상을 살펴보면 다음과 같다.

<표21>새마을교육의 대상별 실적 (1980~ 1985)

교육과정명	교 육 대 상	비 고
새마을지도 자 과정	새마을운동 중앙본부 8개회원단체 전국 시 군 리 회장및 회원(지역지도자, 부녀지도자, 청소년지도 자, 문고지도자) 영농기술교육, 농어민후계자	41337 (25.2%)

	새마을봉사대, 어촌지도자	
사회지도층 과정	고급공무원, 최고경영자,공무원이념교육, 사회단체 간부, 지도층여성, 이북5도 간부, 대학새마을연구 소장부인,해군, 공군장교부인,올림픽조직위원회 직원, 지도층여성, 성직자, 농수산단체간부, 감사인	31162 (18.9%)
교육자 ● 교관 요 원	초 ● 중 ● 고교교장단 및 교감단, 일반교사,새마을 주임교사, 시 ● 군 ● 구 교육구청장, 연수원교관, 문교교관요원	7391 (4.5%)
학　　생	고등학생, 대학생, 우수농고생, 한국과학원생	9767 (5.9%)
서비스업 종 사 자	택시기사, 버스기사, 버스안내원 이 ● 미용법, 숙박업, 관광업, 요식업, 다방업	40606 (24.7%)
해외파견, 외 국 인	외국인, 자마이카해외취업반, 해외연수사전교육, 재미교포대학생,	974 (0.6%)
직 능 단 체	금융인새마을교육, 공장기숙사사감, 신규임용직원 공장새마을 품질관리교육, 부동산 업무, 양곡업무, 중소기업체 간부 및 직원, 학교새마을 어머니회. 시장수퍼마켙, 농군사관학교, 경기지역 약사회, 연수원 체험사례 강사, 직장단체 위탁합숙교육, 아파트 관리소장, 언론인, 대공요원, 멸공계몽 요원, 정화위원, 체육인	33163 (20.2%) 164500

주; 전국의 30개의 주요연수원에서 발췌 정리한 것임

교육대상 중 가장 높은 비율을 차지하고 있는 것이 새마을지도자 과정으로‘80 ~ 85’년간 총실적의 25.2%를 차지하고 있다. 새마을 지도자과정에 버금가는 것으로는 서비스업 종사자 교육으로 24.7% 를 차지하고 있다.

한편, 해외파견 • 외국인과정은 해외취업자와 해외연수사전교육 및 교포 등을 교육대상으로 하는 한편 외국인에 대한 새마을교육도 포함하고 있다.

교육대상 직업 직위 역할(현재, 미래) 등에 비추어 볼 때 대부분이 사회의 지도층에 속하고 있다.

그러나 현재의 새마을교육은 거의 전국민을 대상으로 하고 있다고 해도 과언이 아닐 정도로 교육의 대상이 지금까지 새마을교육의 년도별 특징을 보면, 1972년 새마을운동의 출범 초창기에는 새마을지도자를 중심으로, 1973년에는 새마을부녀지도자와 일선시장 군수 등을 중심으로 실시하였다.

1974년에는 도시의 새마을지도자 사회지도층과 고급공무원 에게까지 확대 실시하였고, 1975년에는 새마을지도자 사회지도층에 대한 교육실시와 함께 각종 행정기관과 단체가 중심이 되어 교육대상자를 과정별로 구분하여 중앙에서는 농업전문교육에, 지방에서는 기초과정의 교육에 중점을 두고 마을에서는 생활교육이 되도록 지도하였다.

1976년부터는 중앙과 각 시 도에서 전국의 남녀 새마을 지도자에 대한 소득증대 면에 중점을 두고 교관요원 및 연수생 전원이 공존하는 방식의 교육을 확대하였고, 사회지도층에서 일반주민에 이르기까지 정신교육 및 기술교육을 실시함으로써 범국민적인 교육으로 확대되었다.

1980 년에 들어서면서 주민도 새마을운동을 전개하여 교육대상이 세분화되고 직능별로 교육과정을 구성하여 교육대상 거의 전국민을 대상으로 하였다.

새마을 지도자교육은 새마을정신과 소득기술 습득을 위한 교육을 병행하고, 행동과 실천 위주의 지도력을 배양하여 지역 및 직장단위 정예요원을 양성하고, 주민교육은 시민정신강좌와 순화교육을 확대 실시하여 교육의 내실화를 다져왔으며 직장 및 학교교육은 직능별 학교별로 자체교육활동을 강화하면서 직능단체와 민간인교육기관의 운영도 최대한으로 지원하고 있다.

1) 새마을지도자 교육

새마을 운동의 사업성과를 분석해 보면 새마을 운동이 성공하게 된 주요요인이 새마을 지도자의 창의적이고 헌신적인 봉사활동에 있었다. 따라서 새마을운동의 지속적인 성공은 새마을지도자의 활동과 밀접한 관계가 있다 하겠다.

새마을지도자는 새마을운동을 추진하면서 문제의식, 참여의식, 책임의식 그리고 사명의식을 갖고서 지역개발의 방향설정과 목표를 수립하여 새마을 사업을 추진토록 하는데 노력하고 있다.

1970년대에는 새마을운동의 지도력과 실천력의 배양을 위한 새마을정신교육에 역점을 두면서 농촌지역 새마을지도자 교육을 5박6일, 도시 부녀지도자는 4박5일로 기술교육을 실시하여 소득중심사업 지도를 위한 영농기술교육에, 부녀지도자는 근검·절약과 생활개선 교육에 중점을 두었었다

1980년대에는 교육대상이 새마을운동중앙본부 8개 회원단체인 지역지도자, 부녀지도자. 청소년지도자, 마을문고지도자. 직장지도자, 공장지도자 체육지도자, 새마을군신지도자의 지도자들과 농어민후계자, 새마을봉사대 등으로 확대되었다.

교육내용면에서는 새마을운동의 이념, 민주도 새마을운동의 추진방향등의 새마을운동 분야와 국민윤리, 우리민족의 역사와 문화, 한국경제의 현황과 전망 등의 정신교육 분야, 성공사례와 분임토의

및 현지견학과 시청각교육의 비중을 높여 스스로 문제점을 발견하고 해결방안을 도출하여 실천 지도력을 배양하였다.

연수생의 선발은 자원인 경우가 5%에 지나지 않고 나머지는 시도 의 해당부서나 동사무소에서 지명 차출하여 5박6일 과정으로 실시하였다.

2) 사회지도층 새마을교육

사회 지도층 인사의 교육은 각급 직능의 특성에 따라 분야별로 새마을운동을 전개하면서 새마을 경신을 솔선수범으로 실천하여 국민정신 계몽이 범국민적으로 확대 발전하도록 하였다.

사회지도층 새마을교육의 내용은 새마을지도자과정과 크게 다르지 않으나 새마을 지도자 과정이 새마을운동분야와 생활교육 및 지도능력배양에 중점을 둔다면, 사회지도층과정은 주인의식, 선진조국의 이상, 국민윤리 등의 정신교육에 역점을 두었다.

사회지도층 인사는 각급 행정기관 사회단체, 직능단체, 기업체의 장 또는 고급간부, 그리고 종교인 언론인 과 함께 지역개발에 영향력을 가진 인사 지도층 여성 올림픽조직위원회 직원 등이 교육대상이며 단일 독립반으로 편성하여 3박4일 과정으로 실시하였다.

3) 교직자 교관요원 새마을교육

교직자에 대한 새마을교육은 학교새마을교육을 활성화 하고, 학교와 지역사외간의 유대를 강하하여 새마을 교육 활동의 확대, 집단생활을 통한 교직자들의 새마을 정신을 강화하였다.

교육대상은 초 중 고교 교장과 교감 일반인 새마을 주임교사 시군 구 교육구청장 등에서 선발하였다.

교육내용은 새마을정신계발, 학교새마을어머니회 운영방안 매래를 위한교육, 국가안보와 경제, 분임토의 등으로 구성되었다.

교육대상의 선발은 문교부에 의뢰하여 차출하였으며 거의 모든 초 중 고교장과 교감이 교육에 참여하였다

교관요원의 새마을 교육은 새마을교육활동을 보다 내실화 하고 새 마을교육기관의 교관요원의 정예화를 위하여 실시된 6박7일간의 교육과정이다. 새마을정신 자세를 확립토록 새마을운동에 대한 신 념을 강화 하였다.

4) 학생 새마을교육

청소년들을 중심으로 하는 학생 새마을교육은 새마을정신을 실천 하고 2,000년대를 이끌어 나갈 지도력을 배양하여 한국인으로서 긍 지와 민족의 주체성을 인식시키는 교육으로 이끌었다.

교육의 대상은 주로 고교생, 대학생이고 그 내용은 새마을운동의 이념, 국민윤리, 자연보호, 소비전략, 민족관의 확립, 한계능력배양, 창의력 배양, 건전오락, 현지견학 등으로 다른 교육과정보다 다양하 다.특히 새마을운동중앙연수원에서 실시하고 있는 극기 훈련은 자 아실현의 좋은 계기를 마련하는 데도 유용한 방법이다.

5) 직능단체 새마을 교육

새마을 정신계발과 직업 능률의 향상을 기하고 생산성 증대와 자 원 절약의 실천 자세를 확립하기 위하여 1974년부터 금융인, 공장 인 수산인 근로자, 언론인, 체육인, 부동산 단체에 이르기까지 각급 단체 장과 간부급 부서별 책임자들에게 직능단체별로 교육을 실시

하여 왔다

1974년대부터 실시된 금융인새마을교육은 부장, 회장, 대리, 행원을 대상으로 하여 금융기관과 금융인은 내정동원을 핵심체 임을 감안, 일반강론과 성공사례에 저축심앙양, 경제개발과 내적동원 인구증가에 대한 교육에 중점을 두고 교육함으로써 금융인으로서 중추적인 역할을 할 수 있는 능동적인 자세와 기량을 배양케 하였다.

또 상공부는 서울 공장새마을연수원과 부산공장새마을연수원을 운영, 각 기업체의 기업주, 공장새마을지도자, 부장급 이상의 간부사원을 대상으로 하여 교육을 실시하였다.

농협지도자연수원에서는 농촌지도자나 농협조합원의 교육을 강화하여 농협임직원과 영농지도자에 대한 교육을 실시하여 새마을 운동과 농협운동의 일체화를 기하였다.

수협연수원에서는 어촌의 소득증대를 기하고 어민의 확고한 국가관과 봉사정신을 확립하기 위하여 수협임직원과 어촌새마을지도자 어민들에게 성공사례, 토의, 견학, 학습중심의 경험적 교육방법으로 실천하는 자세와 새마을정신의 생활화를 위한 계기를 조성케 하고, 낙후된 어민들의 소득증대를 위한 원동력이 되도록 5박6일 교육을 실시하였다.

그 외에도 1986년 아시안 게임과 1988년 올림픽을 대비하여 운수업, 이, 미용, 숙박업 관광업, 요식업 등 서비스업 종사자들을 위한 새마을교육도 실시되었다.

4. 새마을교육의 발전방안

새마을교육 발전방안은 새마을연수원 교육의 주체인 교관요원의 육성과 연수원의 장기적 안정발전을 위한 재정지원의 방향에 초점이 맞추어져야 할 것이다.

1) 교수요원의 육성

전문직으로서 교수요원의 육성을 위하여 수일 또는 수 주일에 불과한 국내외의 단기연수보다 수개월 또는 1년 내외에 걸친 고도의 연수프로그램 개발이 요구된다. 이를 위해 전문교육기관 신설이나, 기존 교육기관 에 부설하는 것이 대안이 될 것이다, 기회비용을 극소화하고 교육성과 또한 제고되도록 연수중인 교수요원을 일반 연수생 교육에 십분 활용하는 것도 바람직할 것이다.

여성교육의 비중을 감안하여 여성교수요원의 수를 적정선으로 확보해야 할 것이다. 또한 교관요원으로서 경력이 오랜 원로들이 연수원에 정착하여 경험을 살릴수 있는 풍토를 조성해야 한다.

이에 대한 외국의 사례로 필리핀 (Xavier) 대학교에 부설된 동남아농촌사회지도자연구원(SEARSOLIN) 과 가나안 농군학교 등을 벤치마킹하는 것이 바람직 할 것이다.

2)재정 및 인력지원

정부나 지방자치단체가 주관하는 연수원 및 사설연수원의 새마을교육이 모두 교육의 성격상 정부나 지방자치단체의 역할의 일부를 수행하고 있으므로 공익법인인 사설연수원이 수행하는 새마을교육도 위탁교육비를 포함한 각종 지원을 받고 있는 것이다. 따라서 사설 연수원의 경비도 국가의 교육재정에 포함시킬 필요가 있다. 그렇게 함으로써 중장기 발전계획이 효과적으로 추진될 수 있을 것이다, 또한 그 공공성으로 인하여 사회적 공기로서 지원과 감독의 대상이 되고 있으므로 연수원 운영의 평가를 위한 기금을 마련해야 한다. 연수원에 대한 지원은 주로 교육생 위탁과 함께 이루어지는 데 영세한 연수원에 교수요원을 파견하는 형태의 지원을 각급 연수원에 확대 실시하는 것도 하나의 간접적 지원이 될 것이다.

3) 연수원교육의 발전방안

① 새마을교육과 연수원운영에 대한 지속적 연구가 이루어져야 하겠다.

④ 추수지도가 강화되어야 하겠다.

② 연수원 교육행정체계의 기능성 통합과 연수원의 협의회가 구성되어야 하겠다.

③ 국제화 된 우수한 교관의 유인 및 연수생의 자비와 자원 입교 유인체제가 이루어져야 할 것이다

VII. 농협운동의 발전과 공동판매

1. 농업협동조합의 발달
1) 농협운동의 개관

한국은 오랜 옛날부터 품앗이, 계, 두레 등의 협동운동을 벌여왔다. 현존하는 가장 오래된 계인 전남 영암군의 군서면 구림리 대동계는 1565년(명종20년)에 시작되어 그 역사가 440년이나 넘는다. 그리고 경남 의령군 부림면 경산리의 금란계도 1629년(인조35년)에 시작되었다. 또한 충남 예산군 덕산면 시량리에서 1920년대에 야학과 아울러 소비조합운동을 벌였던 윤봉길의사의 농촌부흥운동 등 역사적 사실들을 보아도 한국 협동조합운동의 뿌리는 매우 오래된 것임을 알 수 있다.

그러나 근대적인 형태의 협동조합운동은 을사보호조약 직후부터 대두되기 시작하였다. 군산농사조합, 강원토지조합, 부산농업조합, 대구농협, 한국잠흥업조합 등의 농사단체들이 일본인들에 의해 조직되었다. 그러나 이와 같은 조직들은 대부분 농업분야에 대한 수탈을 효율적으로 수행하기 위한 것들이었다.

1907년에 칙령 제 33호로 지방금융조합 규칙이 반포되어 1개 군 내지 수개 군을 단위지역으로 지역 내 농민을 조합원으로 하는 지방금융조합이 설립되었다. 이것은 1906년에 설립된 농공은행이 영세농민에게 별로 융자혜택을 주지 못하여 그 보조기관으로 설치된 것이었다.

금융조합은 생산자체의 공급, 생산들의 위탁판매를 주로, 농사자금 대부의 신용업무를 부수업무로 하였는데 고리대금업의 색채를 띠어 관설(官設) 전당포라는 비난을 들었다.

민족지도자들에 의한 협동조합운동으로서는 일본유학생들이 중심이 되어 벌였던 협동조합 운동사가 1926년에 결성되어 한 때 조합 수가 200여개 까지 확대되어 한동안 명맥을 유지하였다. 그리고

1925년에 농민의 지위향상과 복리증진을 목표로 하여 조선농민사가 천도교 중심으로 설립되어 중앙에 조선 농민사, 각 군에 군 농민사, 동리에 동리 농민사를 두었다. 「조선농민」이란 월간지를 발행하여 계몽에 힘쓰고 농민에 대한 소비조합운동과 생산물 판매알선 등을 비롯하여 1931년에는 농민 고무공장을 설립하는 등 다양한 사업을 벌였다. 그러나 전쟁치하에서 자연소멸 또는 강제해산되었다.

해방과 더불어 기존의 농업관련조직이 재편되는 한편으로 이를 뒷받침하기 위한 각종 법적 보완이 이루어졌다. 미군정의 과도기와 6.25동란을 지나면서 농업협동조합설립을 추진하였는데 해방후 12년이 경과한 1957년에 와서 농업협동조합법과 농업은행법이 제정, 공포되었다. 그런데 이 농협법에 의한 농협은 형식상으로는 조직체계를 갖추고 있었으나 중요한 기능인 신용사업이 제외되고 있었고 대부분의 조합이 개점 휴업상태와 적자운영을 벗어나지 못하였다.

현재와 같은 농업협동조합은 5.16 이후 1961년에 새로운 농업협동조합법이 새로 공포되고 동년 8월 15일에 농업은행을 통합하여 신용사업을 겸비한 종합농협으로 발전한 것이 전환점이 되었다. 한편, 수산업협동조합은 1976년에 공포된 수산업협동조합법에 의해 오늘날과 같은 수협이 등장하였는데 이 또한 일정 이후 존속해 온 수산단체들을 정비, 발전시킨 것이다. 이와 달리 축산업협동조합은 1981년에 농협에서 분리되었다가 2000년에 다시 농협과 합병하여 오늘에 이른 것이다.

해방 후 60년, 6.25 후 50년여의 기간 동안 한국은 방대한 협동조합조직을 갖추게 되었는데 그것은 강력한 정부지원에 크게 힘입은 것이다. 그동안 농·수협과 같은 하향식 추진에 의한 발전도 획기적인 것이지만 다른 한편으로는 순수한 민 주도의 신용협동조합의 발전도 괄목할 만한 일이다.

신협운동은 원래 일제하에서 독립운동의 일환으로 그리고 종교조직을 통한 포교와 농촌생활 향상을 위하여 시작 되었던 것인데 후에 관제조합에 흡수되었다.

오늘날의 신협은 가벨(Gabriella Mulherin) 수녀 주도로 1960년에 부산에서 설립된 성가신용조합을 시발로 하여 전국적으로 확산된 것이다. 오늘날 한국의 신협이 세계적인 규모로 성장한 것도 그 초기에 가벨 수녀의 헌신적인 신협교육에 크게 힘입은 것이다.

현재 신협, 새마을 금고, 농협은 전국적으로 매우 방대한 조직망을 구축하고 있는데 세계적으로도 성공사례로 꼽히고 있다.

농협단위조합의 규모의 경제는 농촌인구와 밀접한 관계가 있다. 농촌의 지속적 인구감소를 보면 상당수의 단위조합에 대한 통합의 노력이 지속돼야할 것으로 판단된다. 1990년대 초까지의 통합실적이 <표 22>에 나타나 있는데 이 후엔 민주화의 영향으로 통합에 어려움을 겪고 있다. 한편, 2005년 현재 전국의 단위조합은 1,229개소(본소)로 조직되어 있다.

<표 22> 단위조합의 합병

연도	농협수	평균회원수	평균직원수
1968	16,089	139	0.5
1969	7,525	298	0.6
1970	5,859	380	0.8
1971	4,512	490	1.4
1972	1,567	1,393	6.0
1991	1,425	1,376	30.1

2) 농협의 민주화 과정

사회전반의 민주화·자율화 확산과 더불어 농협운동의 민주화 ·자율화 요구도 점증되었다. 요구내용은 그동안 농협법에 규정되어 왔던 비민주적 요소의 개정과 각종 사업의 자율경영을 규제해 온 조항의 수정·완화로 결집되었다. 이러한 요구의 배경은 종전의 농협법에서는 중앙회장의 임명제, 사업계획, 수지예산에 대한 정부의 승인제등으로 농협운영의 자율성을 제약하고 있었기 때문이다. 이 같은 배경에서 농협법 개정을 추진하게 되었다.

농협은 농협법 개정에 대한 의견을 폭넓게 수렴하기 위해, 1987. 9. 7 ~ 9. 20 기간 동안 농민조합원과 계통농협 임직원을 대상으로 설문조사를 실시하였다. 여기서 수렴된 의견을 기초로 하여 1988년 5월과 6월에는 학계, 언론계, 농민조합원과 회원조합장이 참석한 가운데 농협법 개정 방향에 관한 토론회, 공청회 등을 개최하였다. 아울러 총대(總代) 조합장으로 구성된 농협법 개정 추진분과위원회를 구성하여 농협법의 민주적 개정을 위하여 적극 노력하였다.

이러한 광범위한 의견수렴을 거쳐 농협은 자체적으로 농협법 개정안을 마련하여 정부에 제출하였다. 정부는 이를 기초로 정부안을 준비하였으나 농협법 개정의 초점에 조합장 선출문제 등 농협민주화에 맞춰짐에 따라 당초 구상과는 달리 정부의 발의가 아닌 국회의 발의 즉, 의원입법의 형식을 취하게 되었다. 이에 따라 국회 내에 특별히 구성된 민주발전을 위한 법률개폐위원회에서 농협법개정을 심의하게 되었다.

그런데 당시 여당과 야 3 당에서는 농협법의 개정범위를 조합과 중앙회의 임원선임방식을 임명제에서 선거제로 변경하는 등 농협민주화에 직접 관련된 조항의 개정에 국한 하려는 분위기였었다. 이에 농협은 조합 및 중앙회 임원의 선임방식의 변경 이외에도 사업계획, 수지예산승인제의 폐지, 감독권 완화 등 자율경영 확대에 관한 사항과 농민편익 제고를 위한 각종 사업기능 확충을 위한 사항도 개정안 내용에 반영되어야 한다는 당위성을 각 정당과 국회에 건의 하였다.

또한 1988년 11월 25일에는 1만여 명의 농민조합원과 조합장이 여의도 광장에 모여 민주농협법 개정을 촉구하는 궐기대회를 개최하기도 하였다. 그리고 중앙회 임시 총대 회를 개최하여 대정부, 대

국회 건의문을 채택, 전달하였다.

이러한 노력의 결과, 당초 농협이 제시한 개정안의 내용이 대부분 반영 되었는데 농협법의 개정 추진경과는 <표23 >과 같다.

<표23 > 농협법의 개정 추진경과

일 자	추 천 내 용
88. 5. 4	○ 농협법개정 토론회 개최
	− 참석자 : 학계, 조합장, 군지부장 등
	− 토론내용 : 조합장, 중앙회장 선임방법 등
88. 5.27	○ 총대 소위원회 개최
	− 농협법 개정 및 시안 작성 협의
88. 6.11	○ 농협법개정추진 분과위원회 개최
	− 농협법개정(안) 합의
88. 6.15	○ 농·수·축협법 개정 공청회
	− 참석자 : 농어민, 농수축협 조합장 등
	− 토론내용 : 조합장, 중앙회장 선임제도 등
88.10. 4	○ 국회 민주발전 법령개폐특별위원회 개최
	− 농업법 개정안 상정, 소위원회 회부 심의키로 함
88.11.19	○ 국회 법령개폐특위 제 2 소위원회 심의
	− 중앙회 사업계획·수지예산 승인제 폐지, 정책사업부문은 존치
88.11.21	○ 농협개정추진 분과위원회 개최
	− 농협법개정추진상황 보고 및 대책협의
88.11.22	○ 중앙회노조주최 궐기 대회 및 각 정당 방문
	− 5개 일간지에 성명서 발표
88.11.25	○ 임시 총대회시 대정부·대국회 건의문 채택
	− 사업계획, 수지예산 승인제 폐지 등 건의
88.11.25	○ 전국 농민조합원 및 조합장 궐기대회 개최
	− 장소 및 참석인원 : 여의도 광장, 1만여명
	− 농협법 개정에 관한 농협의 의지 천명
88.12.14	○ 농협법개정안 국회 법사위원회 통과
88.12.17	○ 국회 본회의 의결
88.12.31	○ 대통령 공포

개정된 법에 따라 1990년도의 봄에 전국의 읍면단위에서 농협조합장들이 직선제가 실시되었으며 직선된 조합장들이 한곳에 모여 중앙회장을 선출하게 되었다.

2. 농협의 설립

농협은 그 설립에 관하여 인가주의를 택하고 있다. 법률이 정하는 요건을 갖추고 설립인가 신청이 있으면 인가된다(농림부장관).

1). 지역조합의 인가기준

지역조합의 설립인가에 필요한 기준은 다음과 같다.

① 조합원의 자격이 있는 설립동의자(분할 또는 합병에 의한 설립의 경우에는 조합원)의 수가 1천인이상일 것. 다만, 당해 조합의 구역으로 하는 지역이 특별시 또는 광역시지역(군지역은 제외)이거나 오지개발촉진법에 의한 오지 및 도서개발촉진법에 의한 도서지역 중 농가호수가 700호미만의 지역으로서 농림부장관이 지정·고시하는 지역인 경우에는 300인 이상으로 한다. 이와 관련 농림부장관이 지정·고시한 지역은 다음과 같다(2000. 7. 4. 농림부고시 제2000-56호).

㈎ 강원도 : 춘천시 동면일원, 횡성군 갑천면일원, 영월군 중동면일원, 하동면일원, 화천군 간동면일원(5개 지역)

㈏ 충청북도 : 보은군 수한면일원, 음성군 맹동면일원, 충주시 소태면일(3개 지역)

㈐ 전라북도 : 진안군 백운면일원, 성수면일원, 부귀면일원, 익산시 웅포면일원(4개 지역)

㈑ 전라남도 : 광양시 다압면일원, 담양군 남면일원, 대덕면일원, 용면일원, 보성군 웅치면일원, 신안군 장산면일원(장산도, 백야도, 막금도, 마진도, 율도)(6개 지역)

㈒ 경상남도 : 김해시 상동면일원, 거제시 난부면일원, 창녕군 성

산면일원, 하동군 북천면일원(4개 지역)
② 조합원의 자격이 있는 설립동의자의 출자금납입확약총액(분할
또는 합병에 의한 설립의 경우에는 출자금총액을 말함. 이하 같
음)이 5억원 이상일 것.

(2) 품목조합

품목조합의 설립인가에 필요한 기준은 다음과 같다.
① 조합원의 자격이 있는 설립동의자의 수가 200인 이상일 것.
② 조합원의 자격이 있는 설립동의자의 출자금납입확약총액이 3
억원 이상일 것.

(3) 품목조합연합회

별도 인가기준을 정하고 있지 않으므로 법에서 정한 설립절차
(법 138)의 이행여부가 인가요건이 될 것이다.

(4) 중앙회

별도 인가기준을 정하고 있지 않으므로 법에서 정한 설립절차(법
121)의 이행여부가 인가요건이 될 것이다.

2) 농협설립의 절차

일정자격을 갖춘 발기인이 정관을 작성하고 창립총회의 의결을
얻어 농림부장관의 인가를 받아 설립등기를 하여야 한다(법 15,
18, 107, 112, 121①, 161).

(1) 농협설립의 발기

"발기인"이라 함은 설립중인 법인의 발기행위에 참여하여 설립업
무 일체를 추진하고 실천하는 자를 말한다.
조합설립의 발기인은 구역안의 조합원자격을 가진 자 20인이상
이어야 하고(법 15①, 107, 112), 품목조합연합회설립의 발기인은

5이상의 품목조합(전국을 구역으로 하는 경우에는 전국의 품목조합의 3분의 2이상)이고(법 138①), 중앙회 설립의 발기인은 구역안의 조합 15개 이상이 되어야 한다(법 121①).

(2) 발기인회의 개최

조합(중앙회)의 설립발기인은 다음의 사항을 기재한 설립준비서를 작성한 후 발기인회를 개최하여야 한다(규칙 2①).
① 명칭
② 구역
③ 조합원 또는 회원의 자격
④ 조합원 또는 회원의 권리의무
⑤ 기타 필요한 사항

발기인회는 정관안과 사업계획서 안을 작성하고 가입신청에 관한 사항과 창립총회의 일시 및 장소를 정한 후 설립동의자로부터 가입신청서를 받아야 한다. 이 경우 가입신청서를 제출하는 설립동의자에 대하여는 창립총회에 관한 사항을 통지하여야 한다(규칙 2②)

협동조합에서 단위조합이 진정한 협동조합이라고 말하여지기도 한다. 중앙회는 단위조합들을 회원조합으로 하여 구성되기 때문이다. 2004년 기준 농협단위조합은 1,229개의 지역조합과 86개의 품목조합에 회원수 200만 6,440명, 총수신 100조원을 돌파하였다. 그런데 조합마다 사업에 차이가 있으므로 단위조합들을 모두 상세히 살펴보기는 매우 어렵다. 따라서 예산능금조합의 사례를 살펴보는 것으로 단위조합의 실태를 어느 정도 가늠해 볼 수 있을 것이다.

예산능금조합 연혁

예산능금조합은 1941년에 경남과물동업조합으로 출범하여 지난 60여년간 변화와 발전을 거듭하여 왔다. 주요 연혁을 살펴보면 다음과 같다.

1941. 12. 24 : 경남과물동업조합으로 설립

1958. 5. 28 : 예산능금협동조합으로 명칭 변경

1972. 11. 1 : 자유중국에 예산능금(국광) 수출개시

1968. 5 : 농자재 무이자 외상기간 당년 12월 20일까지 연장(전국최초)

1987. 2. 18 : '86 업적평가 전국특수조합 최우수 조합상 수상

1989. 9. 1 : 신용사업 개점(전문농협의 신용사업 허용)

1993. 2. 26 : 조합업무구역을 당진군까지 확대

1993. 7. 1 : 농산물산지유통센터 준공(APC)

1998. 11. : M-9자근대묘 생산포장 개설(2001년부터 농가공급)

1999. 5. 11 : 농산물공판장 준공

2000. 4. 1 : 당진출장소 이전(당진 영농조합법인 인수)

2003. 10. 15 : 예산능금 산성지소 개소(신용사업)

2003. 10. : '신고 배' 대만으로 처녀수출(13.5톤)

2005. 2. 4 : 2004년 상호금융 대상수상

일반현황

예산능금조합의 관할구역, 경영평가등급은 다음과 같다.

○ 관할구역 : 예산군 및 당진군 일원

○ 경영평가등급 : 3등급

한편, 2004년도 예산능금조합 관내의 사과·배 재배현황은 <표24>와 같다.

<표 24> 예산·당진군의 과수재배 현황(단위: ha, 톤, 명)

구분	사과		배		계		조합원수
	재배면적	생산량	재배면적	생산량	재배면적	생산량	
예산군	1,561	35,000	475	960	2,036	35,960	1,161
당진군	574	9,241	505	1,161	1,079	10,402	348
계	2,135	44,241	980	2,121	3,115	46,362	1,509

※ 전국생산량의 7.8%, 충남생산량의 57%

조직현황

　예산능금조합의 조합원 및 작목반 현황, 임직원 현황, 사업소 현황 등 조직현황을 살펴보면 <표 25>, <표26 >과 같다.

<표 25> 조합원 및 작목반 현황

구분	조합원수	순 조합원수	대의원	사과작목반	배작목반
인원	1,509	2,548	63	29	2

<표226 > 사업소 현황

구분	본소	산성지소	농산물 공판장	당진 출장소	묘목생산 사업소	농산물산지 유통센터	계
개소	1	1	1	1	1	1	6

주요사업 현황

　예산능금조합의 주요사업은 <표27 >에 나타난 바와 같다. 경제사업은 구매사업, 판매사업, 창고사업, 이용사업, 운송사업, 생장물사업, 수수료 수입 등으로 이루어져 있다. 이들 경제사업 가운데 판매사업의 비중이 가장 크다.

<표27 > 종합사업 현황　　　　　　　(단위 : 백만원, %)

구분		2003실적	2004실적	성장율
경제사업	구매사업	4,515	4,590	101
	판매사업	11,081	12,551	113
	창고사업	106	97	91
	이용사업	47	20	42
	운송사업	83	90	108
	생장물사업	726	477	65
	수수료	481	589	122

		소계	17,039	18,414	108
신용사업	예수금		23,078	38,647	167
	대출금		26,728	29,903	111
공제사업	공제계약고		22,401	35,332	157
	공제료		587	431	73

　예산능금조합의 재무구조를 살펴보면 <표28 >에 나타난 바와 같이 2003년말과 2004년말의 당기순이익이 각각 51백만원과 133백만원으로 261%의 높은 성장률을 기록하고 있다.

<표 28> 2004년말 손익 및 재무현황　(단위 : 백만원, %)

구분	매출총이익				당기순이익	출자배당율
	경제	신용	공제	계		
2003년말	1,800	815	53	2,668	51	3.6
2004년말	1,749	1,235	54	3,038	133	5.2
성장률	-3	52	2	14	261	44

　그런데 이와 같은 성장은 경제사업의 매출 총이익이 다소 감소하였으나 신용사업이 큰 폭으로 성장한데 기인한다. 신용사업에 대한 과도한 의존은 장기적으로 우려되는 현상이다.
　한편 예산능금조합의 2004년도 주요업적은 다음과 같다.

　○ 에이스 투 에이스 실적 : G그룹 2위
　○ 조합원 실익증대 및 건전대출 타켓트77운동 실적 : 농협중앙회장표창,　　전국3위
　○ '04클린뱅크 확정 : 인증패('01년도, '02년도, '04년도 3회 달성)
　○ 농협카드 에이스운동 우수 : N그룹 1위
　○ '04상호금융대상수상 : 전국 1,327개 농협 중 1위

조합의 특색사업

예산능금조합의 특색사업은 예산읍내 21번 국도에 입지한 농산물 공판장 사업과 오가면의 농산물 산지유통센터 및 삽교읍의 사과 자근묘 생산단지 등을 들 수 있다. 농산물공판장의 실적은 다음과 같으며 시설현황은 <표29 >와 같다.

① 농산물공판장

<표 29> 농산물공판장 시설규모 및 투자현황

구분		면적(평)	이용현황	투자내역		
토지	부지	(2,978)		계		2,077
건물	계	655		보조	국비	780
	1층	327	판매장, 중매인 점포		지방비	390
	2층	148	사무실, 중매인 사무실		소계	1,170
	3층	120	구내식당, 하주대기실	융자(정부)		390
	경비실	10	경비실	자담		517
	저온저장고	50				

○ 업무개시일 : 1999년 7월 12일
○ 관할시장 : 인근 7개 시. 군으로 분산
○ 취급품목 : 과실류, 과채류
○ 연간취급실적 : 100억원

② 농산물 산지유통센터 운영

예산능금조합의 농산물 산지유통센터 현황은 다음과 같다.

○ 위치 : 예산군 오가면 신석리 3-4
○ 규모 : 부지 3,200평, 건물 1,313평
○ 준공일 : 1993년 7월 1일

농산물 산지유통센터의 주요시설은 가운데 자동선별기와 대규모

저온저장고가 핵심시설이다. 처리능력은 다음과 같으며, 시설현황은 <표30 >과 같다.

○ 선과기계 : 중량과 색택 등을 16등급으로 자동 선별하는 기계, 연간 150,000상자(2,250톤) <1일 1,000상자/15kg×150일>
○ 저온저장고 : 일시 저장능력 700톤(년2~3회전),1년 저장능력 2,000톤(사과)

<표 30> 시설현황   (단위 : 평, 백만원)

구분	면적(수량)	금액	구분	면적(수량)	금액	비고
대지	3,200	451	자재창고	223	215	
선과장, 관리사	478	575	컴퓨터 선별기	1대	476	
저온저장고	400	927	빠렛트 외	3,100	95	
예냉실	212		합 계		2,887	

한편 운용현황을 살펴보면 산지유통센터의 선과시설을 이용하는 농사는 2004년도의 38농가에서 2005년에는 2005농가로, 저온저장 시설을 이용하는 농가는 같은 기간 21농가에서 30농가로 증가하였다.

<표40 > 운용현황   (단위 : 톤/백만원)

구분	2004년도		2005년도계획		비고
	농가수	물량	농가수	물량	
사과선과	38	379	55	500	
저온저장	21	829	30	850	
계	59	1,208	85	1,350	

■ 판매처 : 직거래[기업체. 군납. 택배 등]

　2001년도부터 "안심사과"개발 2004년도 산 32톤 판매

③ 키 낮은 사과묘목 생산사업소 운영

　예산능금조합의 특화사업 가운데 특기할만한 사업은 예산군 삽교읍 목리 517-83에 위치한 자근묘 생산·보급사업을 들 수 있다. 이를 통해 저수고 밀식과원을 예산사과단지에 조성해 오고 있는데 대구지역에서도 벤치마킹하고 있다.

<표41 > 연간 생산능력

왜성 자근대목	왜성 자근대묘	신품종 접수	품종
100,000본	70,000본	100,000계	후지. 홍로. 산사등

　그 기대효과는 과수원의 저수고 초밀식화를 통한 생산성 및 품질 향상으로 국제경쟁력 강화로 수출확대 및 조합원 과수농가의 소득 향상에 기여하는 것인데　10년간에 걸쳐서 매년 48ha 씩 갱신해 가고 있다.

3. 공동판매

　공동마케팅은 세계적으로 농산물판매에 성공전략이다(썬키스트 오렌지, 옥골사과 등). 따라서 농협에서도 공동마케팅, 특히 공동계산제의 정착에 역점을 두고 있다.

따라서 농협조합원인 영농 4-H회원에 대한 공동마케팅, 공동계산 컨설팅은 당연히 농협에서 담당하는 것이 효과적일 것이다.

1) 공동마케팅 조직발전방안

(1) 개념

① 운영 : 독립채산·전문책임경영, 회원농가 출하협약 체결, 출하권 출자 및 판매를 통한 자본확충 및 경영 참여, 자조금 조성

 * 출하협약 핵심내용 : 품종·재배법 통일, 공동선별·계산, 공동브랜드, 의무출하 등

② 사업 : 군단위 이상 광역사업, 2~3개 대표 브랜드, 틈새품목 구비, 단순 선별·저장 ·포장에서 전처리·가공으로 사업영역 확대

③ 시설 · 장비 : 저장·상품화 시설, 선진 위생·안전설비·물류 시스템 완비

(2) 조직유형

◦ 거점산지조직형 : 산지전문조직, 광역조합 중심으로 공동마케팅

◦ 사업연합형 : 농협법(안)에 의한 공동사업법인, 조합간 사업연합 등

◦ 전문마케팅법인형 : 마케팅자회사, 조합 · 유통식품업체간 공동출자회사

(3) 지원 방안

◦ 광역기반 마케팅 사업에 필요한 대규모·현대화된 유통시설 지원

◦ 공동마케팅조직에 무이자 계약재배자금 전품목 지원(2004년 과실·채소약정사업, 산지유통전문조직, 자금 선급금 우선 통합)

  – 마케팅 지원자금 (3년, 1%), 공동선별·파렛트출하 촉진자금 등도 공동 마케팅 조직, 우수산지유통 전문조직에 집중 지원.

◦ 지방자치단체, 품목대표단체와의 마케팅 사업 지원 협력체계 구축
  - 지자체별 시설지원 또는 출자확대, 브랜드 개발 및 판촉
  - 품목단체의 자조금 조성 및 기술·경영 컨설팅 체계 구축
◦ 공동마케팅 조직 및 가입 회원농가에 대한 지원강화
  - 공동마케팅조직 가입 회원농가에 농업종합자금 지원심사시 우대
  - 최저가격보상제 개편과 연계한 계약재배안정화사업 우선 도입
◦ 유통전문 CEO 채용 및 농산물품질관리사 활용시 한시적으로 인센티브 지원, 외국인근로자 우선배정업체 지정.

2) 공동계산제[11]

공동계산제(Pooling System)란 개별 생산자가 생산한 생산물을 공동선별장에 모아 일정한 기준에 따라 등급별로 선별한 후, 참여 생산자의 생산물을 일정기간동안 공동으로 판매하고, 생산물의 판매대금을 등급별 평균가격에 기초하여 분배·지불하는 제도를 뜻한다.

(1) 공동계산제의 특징

공동계산제의 특징은 통일된 기준에 따른 공동선별, 공동판 매,다양한 판매기간의 설정, 등급별 가격차에 따른 계산 등이다.

① 통일된 선별기준에 따른 공동선별

공동 출하에 참여하는 경우 공동의 통일된 기준으로 선별하여 개별출하농가의 상품을 평가하며, 그 결과가 생산자의 소득과 직결

---

11) 농협중앙회, 2004, 공동계산제 우수사례집

되고, 생산자는 이 단계부터 출하에 관여하지 못하게 되어 생산과 판매가 분리된다.

② 공동판매

각각의 농가가 각각의 기준으로 선별한 상품을 각자의 출하처에 보내는 것이 아니라, 각 생산자의 생산물이 동일 기준으로 등급화 되었으므로 조합 또는 연합사업단의 이름으로 품질을 보증하고, 이에 따른 판매 전략을 수립하여 공동의 시장에 출하하게 된다.

③ 다양한 공동판매 기간의 설정

이는 공동정산의 기간 설정으로서 대개 전기간 공동정산의 경우 출하가 시작되어 끝날 때까지를 의미하나, 1주일, 1개월 단위 또는 회기 단위 등 다양한 기간을 설정할 수 있다.

④ 등급별 가격차에 따른 계산방법

기본적으로는 공동계산 기간 중 발생한 등급별 평균가격을 기초로 하여 출하자들에게 총판매대금을 정산함을 원칙으로 하여 품질 등급별 가격 차이를 확보할 수 있게 한다. 이렇게 하여 생산자가 오로지 고품질 상품생산에만 진념하게 함으로써 그들의 소득을 극대화하게 할 수 있다.

(2) 공동계산제 전제조건

① 개별출하조직 즉, 산지농협의 개별농가 또는 작목반 단위의 출하체계로서는 장기적으로 소비시장의 변화에 신축적으로 대응하지 못하게 된다는 점을 인식하여야 한다.

② 공동출하 및 공동계산제가 장기적으로 생산자에게 안정적인 가격형성과 높은 소득을 유지하고, 유통 경비를 줄여 생산자에게

유리한 출하체계라는 점을 참여자들이 이해하여야 한다.

③ 공동계산제의 실행에서 무엇보다 중요한 것은 각 생산자들이 출하한 상품에 대하여 객관적으로 등급 평가를 할 수 있어야 한다.

④ 공동출하 및 공동계산제의 실행이 궁극적으로 시장교섭력을 증대시킬 수 있어야 있어야 한다. 이를 위해서는 품목별 공동출하 조합 간에 연합하여 서로 협력하여야 한다.

⑤ 공동출하의 경우에는 참여생산농가는 공동출하 시 자신의 상품이 어떠한 품질평가를 받았는가에만 관심을 갖고, 그 이후 판매에 관해서는 산지농협의 판매 직원에게 일임함으로써 생산과 판매가 완전히 분리 되어야 한다.

⑥ 생산자가 시장우위를 확보하기 위하여 시장정보 분석과 시장의 요구에 대응 할 수 있는 우수한 판매전문가가 필요하므로 공동출하체계를 구축할 경우 반드시 판매 전담인력을 확보해야 하는데, 이는 공동계산제 성패의 중요한 요소다.

⑦ 농산물은 공산품과 달리 규격이나 품질 면에서 좋은 상품과 그렇지 못한 상품이 동시에 생산된다. 따라서 선별을 통해 출하농가 전체 품질을 유지하고 전체의 소득을 극대화 한다는 것을 원칙으로 하여야 할 것이다. 또한 어느 정도 판매물량이 확보되어야 판매계획이 수립될 수 있고, 출하조절이 가능해 지며, 공동출하조직이 시장교섭력을 갖게 될 것이다.

(3) 공동계산제의 유형

① 단계별 Pool

A형 : 완전한 개별계산시스템을 나타내는 것으로서 개별농가가

모든 단계 를 수행하게 된다.

B형 : 수확, 선별 및 포장까지는 각각의 생산농가에서 각자 주
어진 기준에 의해 행하게 되고, 판매 행위만을 공동으로
수행하는 경우이다. 즉, 소규모 생산자그룹이 시장에 공
동으로 판매한 후, 각각의 출하량에 따라 판매대금을 분
배하는 개별정산의 방법이다.

A형과 B형은 모두 개별정산방식이다.

C형 : 개별농가가 각각의 일정한 기준 아래 선별 및 포장을 실
시하여 공동으로 판매 한 후 일정한 정산기준에 의해 각
개별 출하자들에 동일한 단가를 적용하여 대금 정산을
수행 하는 방식이다.

D형 : 선별 및 포장 단계도 공동으로 행한다.

E형 : 수확까지도 공동으로 수행하는 유형이다.

가장 협의의 공동계산은 C형으로서 "개별선별 → 공동판매 →
공동계산"의 시스템으로 운영되고, 가장 광의의 공동계산은 E형으
로 농가는 생산관리 만 수행한 후 수확, 선별, 포장, 판매, 정산의
모든 단계를 공동으로 수행하는 Pooling 시스템이다.

<표42 > 단계별 Pool에 따른 공동계산유형 비교

	수 확	선별·포장	판매	계산
A형	개 별			
B형	개 별		공 동	개 별
C형	개 별		공 동	
D형	개 별	공 동		
E형	공 동			

자료:농협중앙회

② 기간별 Pool

생산물의 출하 후 판매대금의 수령까지 소요되는 정산기간은 각각의 생산자들에게 매우 민감한 부분으로서 생산자들의 합의 아래 출하상품과 시장의 특성에 따라 다양하게 적용된다. 3일 주기, 일주일 주기, 한 달 주기 또는 출하 전 기간 등이 주로 사용되는 Pool 기간의 종류이다. 정산기간은 가격변동의 위험을 회피하는 것에 매우 중요한 역할을 하는 것으로서 참여농가들의 합의와 대상품목과 시장분석의 결과를 바탕으로 산지의 참여농가의 특성을 반영하여 가장 적합한 기간으로 설정하여야 한다.

공동출하·공동계산방식은 기본적으로 생산과 판매를 분리하는 것으로서 공동출하를 담당하는 조합이 생산이후의 모든 단계를 담당하고, 최종적으로 상품의 품질등급차이에 따라 계산하는 체제이다. 산지농협의 공동계산방식은 <표 22>의 (유형 4)처럼 수확단계까지

- 134 -

는 생산자가 담당하는 경우이나, 향후 수확노동력의 부족을 고려할 깨 미국의 썬키스트처럼 수확단계까지도 공동으로 행하게 되는 (유형 5)도 검토되어야 할 방향이다. 이렇게 되면 완전한 생산과 판매의 분리가 가능해 지고, 생산자들은 지금과 같은 상호경쟁관계에서 달피하게 될 것이다.

(4). 공동계산 절차

공동계산제과정은 ①생산량 예측 및 생산할당 ⇒ ②각 농협별 판매계획수립 ⇒ ③출하계획에 따른 생산농가의 공동선과장에 농산물 반입 ⇒ ④반입 농산물에 대한 평가, 선별, 포장 ⇒ ⑤판매계획에 따른 수송 및 판매 ⇒ ⑥최종정산(공동계산)의 순으로 추진된다. 이를 추진하기 위해서는 공동선과장(APC)을 중심으로 공동출하조직이 형성되어야 한다. 또한 참여자들이 상호 협의하여 그들의 성격과 특성에 맞게 지켜질 수 있는 협약을 통해 공동출하 및 공동계산제를 시행하게 된다.

(5). 공동계산 방법

무엇보다도 중요한 것은 공동계산제이다. 생산자들의 개별출하 관행을 개선하기 위해서는 공동계산에 대한 이해가 무엇보다도 중요하다. 개별계산이 매일 매일 각각의 시장에 출하한 농산물의 판매가격을 농가에 정산하는 것이라면, 공동계산은 전체 농산물을 정해진 판매기간 중에 모두 판매한 후 농가에 정산하는 것이라 할 수 있다. 이 공동계산방법에는 다양한 방법이 있고, 그 방법은 참여 농가의 합의에 따라 다양하게 선택할 수 있다.공동계산방법은 참여농가가 명확히 알 수 있도록 합의되어야 하며, 판매와 생산을 분리할 수 있도록 작성되어야 한다.

VIII. 새마을운동의 평가와 전망

1. 새마을운동의 평가

1). 태도변화

 한국인은 일제의 혹독한 수탈과 마약의 합법화로 도탄에서 헤어나지 못하다가 해방 직후의 혼란에 이어 6.25의 참혹한 전화로, 특히 농민은 저미가 정책으로 1960년대까지 암울한 시대를 살아왔다. 새마을운동이 아니었으면 그 같은 암울한 시기가 한동안 더 지속됐을 것이다. 따라서 새마을운동의 가장 큰 성취로 외형적인 환경개선이나 경제성장 보다도 국민의 태도를 절망과 체념에서 희망과 근면의 긍정적 태도로 강화한 것을 들 수 있겠다.

2). 생산기반 확충

 국민이 필요로 하는 식량을 생산하고 공업발전에 요구되는 원료와 노동력을 제공하여야 하는 농업부문은 70년대에 와서 이농에 따른 농업노동력의 감소, 노령화, 부녀화 등 여러 가지 어려운 상황에 놓이게 되었다. 이러한 일련의 제약을 헤쳐 나가기 위해 새마을운동을 통해 농업생산 기반의 조성에 많은 노력을 기울여 왔다. 농업생산기반 사업은 토지의 생산성제고, 작업의 기계화, 경영의 합리화 등 농업의 확대재생산을 가능케 하는 모든 사업을 포함한다.
 이러한 생산기반 조성사업은 농민 개개인의 노력이나 재력만으로는 성취되기 힘들고 정부나 공공단체의 투자가 종합적으로 요구되는 사업이다. 그리고 이러한 사업은 우리경제의 전체적 균형과 성장의 고려에 따라 우선순위가 문제되는 것이다.
 정부는 농업기반 조성사업의 특성과 효과를 감안하여 각 분야별로 꾸준한 노력을 기울여 왔다. 특히 70년대 새마을사업의 일환으로 정부와 주민이 합심하여 좋은 성과를 얻었다고 하겠다.

(1). 하부구조의 개선

70년대 새마을사업의 일환으로 우리는 경지의 확장과 토지생산성의 증대를 위한 농업하부구조개선사업을 매우 중점적으로 추진하였다. 도로, 전기, 개간, 간척을 포함한 경지의 확대와 대단위 농업기반 조성사업의 수리사업, 소하천 정비사업, 종자개량, 퇴비증산, 토양산성화 방지를 위한 객토 사업 등을 들 수 있다.

서해안 간척사업으로 지도가 달라졌다. 금강, 영산강, 낙동강, 남강 유역 등에 대단위 농업개발 사업을 추진하여 홍수방지, 수리시설 확충, 유휴지 개발 등으로 강 유역을 옥토로 만들었고 농업증산에도 크게 이바지 하였다. 여기서 생산되는 농산물의 증산은 국민총생산 증가로 직결되었다.

토지의 외연적 확대에만 치중한 것이 아니고 단위당 토지생산성 증대에도 관심을 기울였으며 가장 중요한 것은 종자개량 사업이었다. 통일벼를 비롯하여 각 작물의 다수확 품종을 개발하였고 개발에 못지않게 단 시일 내에 많은 농가에 보급하여 재배케 하였다. 새마을 지도자와 각 지역의 단위농협, 농촌지도소 등을 통하여 기술보급도 실시함으로써 농업증산에 획기적 계기를 마련하였다.

(2). 농업기계화

농번기에 있어서 농업노동력의 부족현상은 공업화, 도시화로 인한 농업노동력의 이농과 노령화, 부녀화를 촉진시켰다. 또한 임금의 상승에 따라 농기계의 보급을 필요불가결하게 만들었다. 농기계에 대한 수요가 급증하자 정부에서는 농기계 산업을 육성하고 농가의 농기계 구입 가격을 보조하는 등 적극적인 농기계 보급정책을 펴왔다.

농기계의 사용을 용이하게 하고 능률을 높이기 위해서 경지의 교환 분합은 물론 경지정리사업과 농로 개발사업 등을 대대적으로 전개하였다. 기계화와 경지정리사업은 농업노동력의 효율적 이용 이외에도 농업 규모화 및 협업화의 기반이 된다.

농민들이 영농기계화의 필요성을 인식하고 농기계 구입과 영세 소농의 한계를 마을 공동으로 대처해 나갔다. 마을 안길과 농로의 확장에 필요한 땅을 주민들이 자발적으로 희사하지 않았으면 한국 농촌의 농업계화는 상당히 지연됐을 것이다. 이 같은 농민의 자구 노력이야 말로 새마을운동의 근면, 자조, 협동정신에서 비롯된 것이다.

(3). 부존자원의 개발

경제성장이 지속적으로 이루어지고 농촌에서 새마을운동의 성과로 소득이 증대되면서 소비 형태에도 많은 변화가 일어났다 그것은 쌀, 보리 등 주곡소비가 줄어드는 대신 채소 과일 등을 비롯하여 계란, 육류 등의 수요가 급격히 증대된 것이다. 이와 같은 소비형태에 부응하여 계절적인 유휴노동력을 동원하고 부존자원을 최대로 이용함으로써 자원의 효율적 이용을 통한 소득증대에 기여하게 되었다.

마을회관과 공동작업장은 농어민 참여의 폭을 넓히고 생산과 소득의 증대에 공헌했을 뿐 아니라 농어가 부업기술의 교육장이 되었다.

유휴노동력 활용이라는 측면에서는 부녀자들의 역할도 중요하였다. 종래에는 집안일에만 매달려 있거나 농사일에도 남성의 보조적 역할에만 머물러 있었으나 부녀자들도 적극적으로 소득증대에 중추적 역할을 수행하는 예가 많아졌고 새마을 부녀회 중심의 절미저축도 간접적으로 소득증대 효과를 가져왔다. (4). 경영, 유통의 합리화와 소득증대

1970년대의 호당 평균경지 면적은 1ha정도에 불과하여 영세소농이 대부분을 차지하므로 소규모 경영에서 오는 불이익이 많았다. 그러나 새마을사업을 꾸준히 전개하면서 공동시설이 확충되고 공동 판매활동에 의한 생산 유통구조 개선을 통하여 농업경영에 유리한 여건을 조성하게 되었다. 특히 새마을지도자를 중심으로 주산단지의 형성을 유도하고 이들에게 기술상의 어려움을 뒷받침해 줌으로써 농업소득의 상대적인 증가를 가져오게 했다. 경운기의 도입은 영농작업의 혁신적 성력화 뿐만 아니라 운반수단의 혁신에도 이바지하였다. 거래방법에 있어서도 대도시 소비자와 직거래의 방법을 모색하여 중간상인에 의한 가격조작의 배제에도 상당한 성과를 보기에 이르렀다. **농촌 통신망의 발달(농업정보), 수확후관리(저장)와 가공 및 공동 판매와 직거래 등은 농산물 유통체계를 혁신함으로써 농민들의 생산의욕과 농가소득을 높이는데 크게 기여하였다.**

3). 정주 및 환경 개선

(1). 농촌주거환경의 개선

지게를 지고 다니기에도 비좁고 꼬불꼬불한 마을 안길을 따라 비능률적으로 자리 잡은 초가 마을은 우리 농촌사회의 정체를 그대로 들어 낸 안타까운 모습이었다. 가옥의 구조도 가족의 생활편의나 능률과는 거리가 있었고 조상전래의 전근대적 주거환경을 그대로 이어왔다. 이처럼 낙후된 우리의 농촌주택은 능률적인 생활이 불가능 하였지만 전근대적 농촌사회의 변화를 지연시키는 그 한 요소로 작용하였다. 그러나 새마을 운동과 더불어 시행된 지붕개량사업 그리고 이어진 주택개량 및 취락구조 개선사업은 우리의 농촌주거 환경에 일대 변역을 가져오기에 충분했다.

지붕개량 사업은 시작 된지 불과 4~5년 사이에 전국에서 200여

만동의 초가지붕을 개량하였다. 이와 함께 변소, 부엌, 부속건물등도 산뜻하게 편리하게 개량 되었으며 울타리도 지역 특색을 살려 다양하게 정비하였다. 지붕개량사업이 성공적으로 추진되어 농촌 주거환경의 기초적 개선이 어느 정도 이룩된 시기인 1975년 이후에도 보다 발전된 단계로서 주택 개량사업에 역점을 두었다. 주택 개량사업에 마을전체가 참여하게 됨으로 마을의 공간적인 구조변화를 일으키는 취락구조 개선사업으로 확대되어갔다.

 일생에 집 한번 짓기가 어려운데 아무리 낡고 헌집이라 하더라도 부수고 새집을 짓는 일은 과감한 결단과 잘살아 보겠다는 의지가 없이는 이루어지기 힘든 일이었다. 새집을 짓고 새마을을 가꾸어야겠다는 성취 욕구에 더하여 재정적인 확보와 기술적인 문제도 해결되어야할 과제들이었다. 새마을 운동을 통하여 증대된 농가소득을 주택 개량에 투자하도록 유도하고 농촌의 유휴노동력을 주택건설에 활용하였다. 이를 통해 농민들의 건축 기술이 보편화하여 농촌의 기술수준이 향상되었다. 산뜻한 문화주택과 편리한 마을을 이루어 놓은 농민들은 보다 잘 사는 마을을 만들겠다는 의욕과 자신을 가지게 되었으며 긍지와 활기가 넘쳐흐르는 농촌 분위기를 조성하였다. 또한 주거생활에 있어서도 농촌주택의 수준을 도시수준으로 향상시킴으로써 새마을운동의 한 목표인 농촌복지향상에 한 걸음 다가섰고 다른 한편으로는 사회의 이중구조 현상을 해소하여 사회 안정에도 기여하였다.

(2). 도시환경개선

 도시에서도 쾌적한 환경조성에 도시새마을운동은 그 일익을 담당해왔다. 도시새마을사업의 일환으로 매일 내 집과 내 직장 주변의 청소를 생활화하도록 하였다. 또한 유관기관 공무원과 학생 등 지식층이나 직능단체가 환경개선에 선도적으로 참여하는 분위기를 조성하였다.

도시공간의 녹화와 조경을 위하여 시에 직영 양묘장을 만들고 자체수요에 충당하거나 주민에게 싼값으로 공급토록 하였다. 또한 한 가정 한그루 이상의 나무심기를 권장하여 푸른 가정 가꾸기를 실효성 있게 전개하였다. 그 외 새마을사업의 일환으로 간선도로변에 가로화단을 만들고 하천부지나 가로변 공지와 야산 등에 시에서 지정하는 나무나 화초를 심게 함으로써 지역단위 소공원을 조성하여 보다 깨끗하고 명랑한 도시 가꾸기를 추진해 왔다.

(3). 문화생활의 확충

좁은 농토에 많은 가족이 매달리다보니 문화적 예술적 가치를 추구할 겨를이 없었고 오르지 생업에만 몰두해 왔던 것이 대부분 농민들 실정이었다. 그러나 새마을 운동을 계기로 보다 사람답게 살고 보다 높은 삶의 가치를 추구해야겠다는 의지가 구체화되어 새로운 문화 환경을 조성하게 되었다. 농가 소득의 지속적 향상과 함께 농민들이 새마을 운동을 통해 농촌의 생활환경과 문화적 여건을 개선시키는데 관심을 가지게 되었던 것이다.

마을마다 길을 닦고 다리를 새로 놓고 또 지붕과 주택 개량을 하게 되면서 이러한 기초적 환경 개선에만 머물게 아니라 보다 나은 문화시설에 대한 욕구가 일어났던 것이다. 위생급수시설, 전기, 전화 등에 대한 확충과 보급이 그것이다. 1979년까지 98.9%에 해당하는 농어촌에 전기가 가설 되었고 이에 수반하여 TV 라디오등 기타 전기용품이 대량으로 보급되기에 이르렀다. 또한 총 18,600 여개의 리동에 전화를 가설하여 마을의 각종 생활정보의 신속한 교환으로 유통체계를 개선하는데 기여하였고 행정용 통신과 안보용 통신으로도 활용됨으로써 다각적인 효과를 보게 되었다. 특히 23,600 여개의 간이 급수시설을 마련하여 농어촌 주민 스스로 위생급수문제를 해결함으로써 수인성 전염병을 퇴치했다. 아울러 하수구 정비로 불결한 환경을 개선하여 농촌의 환경 복지 수준을 제고하게 되었다.

한편 입식부엌으로 동선을 단축하여 과중한 가사노동을 줄이는데도 기여하였다. 또한 농사와 가사를 같이 돌봐야 하는 농번기에 새마을 부녀회와 새마을 청소년회 등이 중심이 되어 마을회관이나 어린이 놀이터 그리고 교회 등에서 새마을 탁아소를 운영하여 바쁜 일손을 돕고 유아 교육에도 큰 도움이 되었다.

점차 농민들 사이에도 건강문제에 대한 관심이 크게 대두되고 정부는 농민들의 의료문제를 해결하기 위하여 지난 70년대 이후 무의촌과 도서 낙도지역에 대한 이동 진료사업을 새마을 복지사업의 일환으로 꾸준히 추진하여왔다. 복지와 문화에 대한 농어민들의 관심이 이렇게 높아진 것은 곧 국가발전의 결과 이지만 그 발전 요인으로서 새마을 운동의 역할도 컸다. 경제가 발전할수록 문화와 복지는 상대적으로 높은 관심의 대상이 되는 분야이기에 더욱 그러하다.

이처럼 농민들의 생활이 생산적 측면과 문화적 측면에서 모두 크게 개선되어 농촌은 이제 선진국형의 농촌과 고유 농촌의 아름다움을 조화시킨 새로운 농촌으로 변모하였다.

4).노사협조부문

70년대는 경제성장과 경제구조 면에서 경이적인 발전을 이룩한 10년이었다. 그러나 서구 자본주의 200년간의 발전성과를 불과 수십 년의 단축된 역사 속에서 수만은 난관에 직면하였다. 그중에서도 1973년의 석유파동은 매우 큰 시련이었다. 이를 극복하고 발전을 지속하기 위하여 공장새마을운동이 시작되었고 당시 중요한 당면과제가 기업인, 종업원 및 새마을분임조 활동을 중심으로 공장새마을운동의 추진이었다.

새마을분임조활동이란 협의로는 분임조가 일정한 과제를 해결하고

개선해 가는 과정을 말한다. 광의로는 회사 내부에 산적한 난제들을 종업원의 자발적인 참여로 진단하고 그 처방과 개선을 상향식으로 도출하는 경영개선활동을 뜻한다.

그 의의는 다음과 같다.

(1). 새마을지도자 연수원의 교육을 통하여 경영자 또는 기업의 중견간부에게 건전한 국가관과 기업관에 입각한 공장새마을운동의 모형을 설정.

(2). 기업인으로 하여금 기업의 윤리와 기업의 책임 그리고 기업의 공익성 등을 국민경제적 차원이나 국가안보적 차원에서 이해하고 실천.

(3). 노사협력체제의 건전한 확립이 기업이윤 창출의 주요 요인임을 인식하고 노사협력관계 구축에 이바지.

그리고 종업원측에 나타난 성과를 보면 다음과 같다,

(1). 종업원의 가치관이 노동생산성 향상을 통한 자립경제의 달성이라는 방향으로 동질화.

(2). 종업원의 태도를 보다 긍정적인 방향으로 변화.

- 모든 기업 활동에 적극적으로 참여
- 책임감과 공익 봉사정신이 고취.
- 직업의식과 자기의 존재가치를 인정하는 미래지향적 태도 강화.
- 물질적 풍요와 더불어 정신적 풍요를 중시하는 기풍이 진작.

특히 새마을 분임조 활동은 지난 석유파동의 어려움을 극복했던 경험을 거울삼아 물자적약, 에너지 절감, 품질관리, 기술개발, 원가절감 등에 크게 공헌하였다.

이와 같은 새마을분임조활동은 업무능률의 향상방안을 토의 결정하고 집단사고력을 훈련시키며 집단의 합리적 의사결정을 유도하는데 목적을 두고 있지만 그 효과는 여러 방면에서 나타났다.

첫째, 협동으로 개선해야 할 사항을 토의 결정하는 가운데 업무능률을 향상시키고 생산성을 제고시켜 나갈 수 있었다.

둘째, 분임활동을 지속해가는 과정에서 종업원의 태도가 주관적인 데서 객관적으로 독선적인데서 합리로 바뀌며 소극적인 자세에서 적극적인 자세로책임을 함께 나누는 태도로 변화되었다.

셋째, 토의를 통해 자기의 생각을 정리하고 남의 지식을 습득함으로써 직무 수행상 필요한 경험기간을 단축시키는 자기 학습기능을 수행할 수 있었다.

넷째, 종업원 상호간에 긴밀한 접촉과 대화를 통해서 인간관계가 원활해지고 노사간에 협동심이 고양되었다.

2. 국내 새마을운동의 정체와 ODA 수요 증가

1). 국내 새마을운동의 정체

새마을운동이 국가발전에 기여하고 국민의 생활수준을 높이는데 도움이 되었다는 사실은 누구도 부인할 수 없다. 그러나 한편으로는 여러 가지 문제점이 있었던 것도 사실이고 어느 쪽이 두드러지게 나타나느냐는 보는 시각에 따라서도 상당한 차이가 있을 수도 있다.

이런 관점에서 70년대 새마을 운동에 대한 올바른 인식과 숨김없는 반성을 바탕으로 정확한 진단을 내릴 때만이 새마을운동의 지속 발전이 가능할 것이다.

새마을운동에 대한 평가가 그러하듯 문제점 지적에 있어서도 많은 견해가 있을 수 있다. 그 중에서 공통적으로 제기되는 몇 가지 문제점들은 다음과 같다.

새마을운동은 초기 점화단계에서 부터 정부가 주도적 입장을 취한 경우가 많았다. 따라서 밑으로부터의 사업선정과 수행보다는 정부 당국의 계획수립 여부에 따라 **하향식 행정주도**로 시행된 사례도 적지 않았다. 정부에서 주도적으로 계획하고 집행하다 보니 때로는 주민들의 이익보다는 지방정부의 **외형적 실적주의**에 치우쳐 무리한 사례로 나타나는 경우도 생겼다. 그러나 대부분의 사업들은 주민들이 계획하고 주민들의 공통의견에 따라 수행되었으며 정부에서는 지원하는 입장에 선 게 사실이다.

이러한 취지에 따라 80년대 이후 새마을운동은 민주도로 추진되기에 이르렀고 그 중추 조직으로서 각 회원단체를 흡수, 통합한 새마을운동 중앙본부를 비롯하여 조직체계를 완성시켰던 것이다.

그런데 1980년대 이후 새마을운동이 쇠퇴하게 된 것은 주로 다음과 같은 이유에서 그리 된 것이라 하겠다. 즉, 1980년대 이후의 새마을 운동은 1970년대에 비해 훨씬 높아진 국민의 나양한 수요를 충족시키기에 그 컨텐츠 개발이 미흡했던 것이다. 그리고 지나치게 확산된 새마을 영역을 확장한데도 한 원인이 되었다. 예컨대 배구, 배드민턴, 합기도 등 스포츠의 여러 동호회에다 새마을을 문어발식으로 무분별하게 적용하였고 결국 새마을 운동의 정체성을 혼란스럽게 했다. 그 결과 국민의 관심에서 멀어지게 된 것이다.
또한 산업화와 도시화 및 국민의 경제수준과 교육수준이 높아짐에 따라 국민의 수요가 다양화된 것이 종래와 같은 전국적인 사회운동을 지속하기 어렵게 하는 근본적인 요인일 것이다.

그럼에도 불구하고 경상북도와 구미시, 청도군 등 일부 지자체의 지도자 파견과 영남대학교와 경운대학교 등 일부 대학교에서 새마을운동 연구와 교육을 부단히 추진해온 것은 매우 다행스러운 일이다. 새마을중앙협의회는 물론 새마을역사연구원(현재GECS)과 같은 자생조직의 노력도 간과해서는 안될 것이다. 이들과 최근에 와서 동참하는 다수의 기관/전문가들과는 상당 부분 차이가 있을 것이다. 그러나 이 또한 바람직하다 하겠다. ODA의 증대에 따라 전문가 수요 또한 증가하고 있기 때문이다. 단 옥석은 구분돼야할 것이다. ODA를 국민 혈세로 수행하기 때문이다.

2). 새마을운동의 재평가와 ODA

　한국 문화의 세계화가 빠르게 진행되고 있다. 태권도와 고려인삼과 김치와 불고기에 이어 한류 드라마와 K-팝이 전 세계로 파급되고 있다.
이에 더하여 **개발도상국의 빈곤해결을 위해 새마을운동의 이전을 UN과 OECD 등 국제기관과 65개 국가에서 요청하고 있다.** 1980년대 이후 국내에서는 거의 명맥만 이어 오다시피 한 새마을운동이 최근 해외에서 오히려 더 활발하게 추진되고 있는 근본적인 배경을 주목해야 하겠다.

왜 21세기에도 새마을운동인가?

　새마을운동 40주년을 맞아 조선일보와 영남대 박정희 리더쉽 연구원이 리서치 엔 리서치에 의뢰해 조사한 결과는 다음과 같다.
국민의 절대 다수(95.8%)가 새마을 운동이 국가 발전에 기여 했다고 평가하고 있다. 또한 정부수립 후 지금까지 국가발전에 큰 영향을 끼친 정책 가운데 대부분의 응답자(69.1%)가 새마을 운동을 꼽고 있다.

　지난 세기, 특히 1970년대 한국의 비약적인 발전에는 다양한 요인이 작용했을 것이나, 국내외에서 지적하는 가장 큰 성공 요인으로 새마을 운동을 꼽고 있기 때문이다. 게다가 새마을 운동은 이제 대한민국만의 새마을 운동이 아니고 세계의 많은 개발도상국의 빈곤 탈출(MDGs)을 위해 한국의 성공적인 개발경험을 나누는 국가발전의 소중한 모델이 되고 있기 때문이다.

3. 새마을 운동과 ODA사업의 연계

1) 기본 방향

모든 ODA사업과 새마을사업과 연계가 가능한 것은 아니다 그러나 농촌 종합개발사업과 패키지로 실시하는 경우 시너지 효과를 제고할 수 있을 것이다. 또한 수원국 고위 관료와 소통이 가능한 새마을 전문가를 중장기자문단과 ODA전문가 등으로 파견하여 새마을리더 파견사업을 지원하는 경우도 매우 효과적일 것이다. 개발도상국들의 MDGs달성을 위한 정책자문과 새마을리더들의 현지지원이 가능한 새마을 전문가는 기본적으로 농업과 농촌개발에 대한 지식과 기술을 갖추고 새마을운동에 정통하고 수원국의 정책결정자들과 영어로 소통이 되는 지역사회개발 전문가들이 요구된다.

현지 주민의 전통 협동운동과 새마을운동의 연계 추진

국가 마다 전승의 협동운동과 조직이 존재한다. 한국의 품앗이나 마을단위 계와 유사한조직이 종종 발견된다. 에티오피아의 경우 한국의 마을 계와 같은 으드르라는 조직이 있 다. 그리고 르완다의 경우는 그와 같은 단순한 형태가 아니라 우무렌지 싸코 (새마을금 와 유사) 이토레로 새마을연수원과 유사 우무두구두 (취락구조개선사업) 1가구 1젖소운동(소 입식사업) 및 우무간다(새마을운동과 유사)와 협동조합 등의 사회적자본이 상당히 발달해 있다.

이와 같은 외국의 지역사회 협동운동과 조직은 그 사회에 대한 깊은 이해를 가능하게 할 뿐만 아니라 새마을운동을 전개하는데도 매우 중요하다

아프리카나 동남아의 경우 회교도가 다수인 국가는 물론 기독교

도가 다수인 지역에도 지역에 따라 회교도가 적게는 다수를 점하는 지역도 많기 때문에 회교문화에 대한 이해도 필요하다.

2). 다문화가족의 지원 육성

국제결혼 이주여성이 지속적으로 증가하고 있다. 그런데 일부 대도시나 공단지역 등을 제외하고는 이주여성의 대부분은 농촌지역에 거주하고 농업에 종사하고 있다. 이들 이주 여성은 대부분 고등교육을 받았으며 농촌에서 상대적으로 젊은 층에 속하고 상당수의 여성이 남편보다 고학력이다. 이들 가운데 10%만 영농 4-H회원으로 육성한다면 현재의 영농 4-H회원 수가 배로 증가하게 될 것이다. 따라서 다문화가정의 주부들에 대한 각종 교육프로그램을 영농 4-H와 연계시켜 영농 4-H회원으로 육성시키는 것이 매우 바람직할 것이다.

농촌여성이민자를 육성·지원하는 의의는 다음과 같다.
양질의 인적자원(고등교육, 청년층, 인구비중으로 보아 농촌의 기간인력)이나 상대적인 빈곤층에 속한다. 따라서 사회복지 차원에서 육성 지원이 필요하다. 이들은 농촌지역사회의 발전에 기여할 수 있는 잠재적 자원으로서 농촌의 차세대 육성의 최대 인적자원 일뿐만 아니라 자녀들을 포함하여 국제협력차원에서도 육성 지원이 요구된다. 특히 OECD의 ODA국가로서 국제적인 기여를 증대해야하는 한국은 이들을 지원하여 국제협력 전문가로 육성하는 것이 매우 효과적일 것이다. 또한 이들은 국제적인 어그리 비즈니스의 잠재력 매우 크다. 따라서 다문화가정 자녀들이 특히 어머니의 모국으로 유학시 집중 지원하는 장학사업을 통해 국제 전문가를 육성해야 하겠다.

유학생 새마을교육 확대와 다문화가족의 코리안드림의 세계화를 통한 새마을운동의 현지화

외국 유학생을 대상으로 하는 1박 2일의 새마을 교육과 별도의 심화과정 개설을 통해

새마을교육의 현지화를 추진하여야 하겠다. 나아가 해외 거점국가에 지도자육성을 위한 새마을연수원과 주말대학원을 설립하는 것이 효율적일 것이다.

또한 다문화가정의 자녀들을 통해 코리안 드림의 국제화를 확산시켜야 하겠다. 그것은 불법 체류자와 3D업종의 가난한 외국인 노동자의 코리안 드림 이 아닌, 서구가 백년에 걸린 발전을 불과 반세기로 단축한 "한강의 기적" 으로서의 코리안 드림을, 다문화 가정의 자녀들이 어머니의 모국으로 확산시키는 것을 뜻한다(최병익, 2010).

이주여성농업인이 평균 2명의 자녀를 출산할 경우 향후10여 년 후 19세 미만 농가인구의 절반 정도가 다문화가정의 자녀로 구성될 것으로 전망되고 있는 점을 감안할 때 한국농촌의 미래는 상당부분 이들 다문화 가정과 밀접한 관계에 있다 하겠다 이들의 한국사회에서의 연착륙을 지원하고 나아가 장기적으로는 국제협력 전문가로 육성하여 어머니의 모국에 한강 의 기적 , 코리안 드림을 확산시키는 것도 새마을 운동의 세계화와 현지화라 할 것이다.

새마을운동의 정체성을 유지하며 새마을 세계화 추진

앞에서 살펴본 대로 새마을운동의 정신과 추진 원리와 전략은 이미1970년대에 다 제시되어 있다. 새마을사업의 추진에 다학문적 접근이 필요하다고 해서 모든 학문분야가 새마을운동연구에 참여할

필요는 없을 것이다. 1980년대의 새마을운동 연구나 단체들처럼 새마을운동의 정체성을 흐리게 할 우려 때문이다. 또한 전국의 거의 모든 대학마다 설치되었다가 거의 모두 사라진 새마을연구소가 새마을운동의 발전이나 세계화에 얼마나 기여했나를 생각해보면 자명해질 것이다. 성경과 코란이 한권이면 족하지 수많은 현학적인 주석서들과 신학자들이 계속 요구되는 것이 아니다. 마찬가지로 새마을운동에 아인슈타인의상대성원리를 접목하는 격의 사족은 필요치 않다고 하겠다 새마을운동의 정체성을 상실한 어떤 운동도 새마을운동이라고 부를 수 없기 때문이다. 이를 위해서 외국인에게 새마을운동의 정체성에 대해 혼동을 주지 않게 이해하기 쉬운 교육모듈과 매뉴얼이 보급되어야 할 것이다.

해외 새마을운동의 성공사례 매뉴얼을 제작 확산

1970년대 이후 새마을경진대회의 성공사례 발표는 새마을운동 확산에 크게 기여했다.

지역사회개발과 이를 통한 국가 발전 전략으로 새마을운동의 유용성은 UN을 비롯한 국제기구와 65개의 국가들이 인정하고 개발도상국의 MDGs달성을 위해 그 이전을 요청해 오고 있다. 이미 새마을운동 세계화를 위한 사업이 추진되고 있고 경상북도와 협력단 협동으로 새마을리더 해외파견사업도 추진되고 있다 이같은 사업은 세계의 지역사회개발 전략 가운데 유례가 없는 한국이 처음 시도한 개발 전략이고 그동안 상당수의사업이 성공적인 평가를 받기에 이르렀다.

이들 성공사례들을 단순한 홍보 차원이 아닌 새마을사업 성공사례 매뉴얼로 제작하여 유사한 지역에 대한 성공사례의 확산을 가속화시켜야 하겠다.

 자유세계가 빈곤한 다수를 돕지 않으면 부유한 소수도 구제할 수 없을 것이다.(케네디)

4. 추진 절차와 전략

 자유세계가 빈곤한 다수를 돕지 않으면 부유한 소수도 구제할 수 없을 것이다.(케네디)

 개도국을 지원하는 개발협력 추진은 GO와 NGO 그리고 사업 내용에 따라 그 추진 방법과 절차가 다양하다. 그런데 정부의 공적개발협력(ODA) 기금으로 추진하는 사업 추진 절차와 추진 전략 등을 살펴보면 다음과 같다.

1) 추진 절차

제1단계 : 수원국 정부와 사업발굴협의

중기전략 및 국별원조전략 등을 토대로 무상원조사업 발굴협의
- 수원국 빈곤감소전략, 국가개발계획상의 개발과제에 효과적으로 부응할 수 있는 적정사업 발굴

사업발굴은 수원국과의 협의를 통해 연중 실시
- 재외공관, 사업발굴협의단, 주요외교행사 계기 등을 통해

제2단계 : 수원국 수원총괄기관의 공식사업요청서 접수
'사업발굴협의' 단계를 통해 형성된 사업에 대하여 수원국의 공식사업요청서(Project Request Form)를 외교경로를 통하여 접수

제3단계 : 수원국 공식요청사업에 대한 타당성 검토(조사단 파견
등)
수원국 공식사업요청서를 일차 검토하여 '사업형성조사 대상사업'
분류
타당성조사 대상으로 선정된 요청사업에 대해 조사단파견 등 지원
적정성에 대한 타당성조사 실시 (조사과정에서 사업내용을 수정·보
완)

제4단계 : 사업예비선정(사업심사위원회 등)
타당성 검토가 완료된 사업을 대상으로 사업의 경제적, 기술적, 재
정적, 환경적, 사회적 측면 등에 대한 심사 실시
'사업심사위원회' 심사를 거쳐 사업예비선정

제5단계 : 정부간 협의
양국 시행기관간에 합의된 사업들에 대해 정부차원에서 공식 확정
하기 위한 양국 정부간 합의실시
사업의 규모나 성격상 또는 해당국 사정 및 외교적 이유 등으로 정
부간 합의에 의하는 것이 적절하지 않은 경우, 양 기관간 합의에
의해 시행)

제6단계 : 사업내용확정(Record of Discussions 체결)
선정된 사업에 대하여 수원국과 사업세부내용 협의
- 사업세부내용 및 부담사항 등을 명기한 협의의사록 (R/D,

제7단계 : 사업시행자 선정 및 사업집행
정부간 합의 완료후, 사업집행계획 확정 및 사업시행자 선정
사업집행 단계는 ①집행계획수립, ②사업시행자선정 및 계약체결,
③사업집행 및 모니터링, ④사업종료 순으로 진행

제8단계 : 사업평가
프로젝트 평가는 프로젝트의 계획수립, 집행 및 성과를 평가하며,
평가시기에 따라 중간평가, 종료평가, 사후평가로 구분하여 실시

2) 전문가의 자질과 전략

새마을운동 글로벌 포럼(GFS)은 침체된 새마을운동의 세계화의

가능성에 대한 기대를 갖게하고 있다. 그런데 일부 학자들은, 비록 그들 전공 분야에서의 능력과는 별개로, 새마을 운동을 제대로 이해조차 못하는 경우도 있다. 또한 수많은 개도국들의 종교적 특성이나 민주화 수준을 감안하지 않고 새마을 운동의 거버넌스(Governance)만 강조하는데 이는 상당수 개도국들이 아직 독재국가임을 감안할 때 마치 무슬림 국가에 가서 성경을 읽으라는 격이 될수도 있다. 순교가 목표라면 그럴 수도 있을 것이다.

최병익은 2009년에 경북 구미에서 개최된 새마을 글로벌 포럼에 참가했을 때 다음과 같은 지적을 한 바 있다. 수 십 년 간 농촌 개발 분야에서 강의와 참여 연구 등을 통해 얻은 결론은, 열편의 논문을 쓰기는 쉬워도 하나의 마을을 발전시키는 것은 매우 힘든 일이다. 그런데 우리는 격투기 고수들한테 배워야 한다. 그들은 초보자들에게 결코 단기간에 많은 기술을 전수하지 않는다. 초보자들은 단계적으로 조금씩, 천천히 학습해야 하고 그렇지 않으면 혼돈에 빠지기 때문이다(Star small, start slowly).

그리고 수많은 성공적인 농촌마을의 개발 전략을 분석해 보면 「기술 개발을 통한 고품질 농산물 생산 → 판로 개척」의 매우 단순한, 그러나 가장 효과적인 발전 전략이 헌신적인 새마을 지도자와 아울러 가장 중요한 성공 요인들로 꼽힌다.

이와 같은 성공 요인과 전략은 오늘날 농업에 의존하는 대부분의 개도국에게도 유효한 개발전략이라 하겠다.
그러면 우리가 경험한 개발경험을 어떻게 전수해야 하나?

3). 새마을운동 이전의 선행조건과 추진전략

(1). 이전의 조건

개도국에서 새마을 운동과 같은 지역사회 개발운동이 성공 하려면 새마을 운동이 도입된 당시의 한국의 국민과 같은 수준이 되어야 한국에서와 같은 성과를 기대할 수 있을 것이다.
즉 문해 교육이 된 상태, 근면과 협동이 되는 상태에서부터 시작해야 한다. 주민의 높은 문맹률, 근면하지 않은 태도와 협동이 잘 안 되는 사회에서는 바로 한국에서와 같은 성과를 기대 어렵기 때문이다.
따라서 문해 교육은 가장 중요한 과업의 하나다.

또한 어떤 지역사회개발 운동도 소득증대 없이 오래 지속되기 어렵다. 필히 소득을 증대해 줘야 한다.

건강 없이 삶의 질이 개선될 수 없다. 위생과 영양교육도 실시해야 한다.

절대 다수가 농업에 종사하고 전통문화가 전승되는 사회에서는 특히 농촌지도와 문화인류학적으로 접근하는 것이 효과적일 수 있다.

자동차나 배(새마을 운동)가 순조롭게 가려면 도로를 개선하고 암초를 제거하거나 피해 가야한다. 운하에서는 갑문 양 쪽의 물높이를 맞춰줘야 한다. 차나 배만 주고 고속으로 달리라고 해도 달릴 수 없다.

(2). 새마을운동의 추진전략

　새마을정신과 추진 전략 등 새마을운동에 관한 이론과 경험은 이미 1970년대에 이미 정립되었다. 이를 떠나서 새로운 시도를 하려다 보니 연목구어가 되기 쉽다고 하겠다. 게다가 난해해지기 십상이다. 본래의 새마을운동이 어디 난해했던가?

유능한 학자는 복잡한 현상을 단순하게 정리해서 쉽게 설명한다. 무능한 선생은 단순한 현상을 복잡하고 어렵게 설명한다. 고등교육을 받지 않은 농부도 이해하고 실천한 새마을운동을 전문가나 이해할 수 있게 복잡하고 난해하게 이론화 한다면 아직 정리가 안된 디자인을 들고 다니는 초보 디자이너 이고, 격투기로 말하면 유단자와 거리가 먼 급짜리 선생이다.
　석가, 예수, 마호메트가 언제 난해한 강론을 펼친 적이 있었나 상기해보면 자명한 일이다.

　1970년대 이후 새마을경진대회의 성공사례 발표는 새마을운동 확산에 크게 기여했다. 지역사회개발과 이를 통한 국가 발전 전략으로 새마을운동의 유용성은 앞에서 언급한 바와 같이 UN을 비롯한 국제기구와 65개의 국가들이 인정하고 개발도상국의 MDGs 달성을 위해 그 이전을 요청해 오고 있다.

이미 새마을운동 세계화를 위한 공적개발원조(ODA)사업이 추진되고 있고 경상북도와 코이카 협동으로 새마을리더 해외파견사업도 4년째 추진되고 있다. 이같은 사업은 세계의 지역사회개발 전략 가운데 유례가 없는 한국이 처음 시도한 개발 전략이고 그동안 상당수의 사업이 매우 성공적인 평가를 받기에 이르렀다. 이들 성공사례들을 단순한 홍보 차원이 아닌 새마을(리더)사업 성공사례 매뉴얼로 제작하여 유사한 지역에 대한 성공사례의 확산을 가속화시켜야 하겠다.

그런데 모든 지자체와 NGO들이 획일적으로 새마을운동의 기치를 걸고 해외로 나갈 것인가는 신중히 판단해야 하겠다.

전문가와 컨텐츠가 태부족하기 때문이다.

"근면, 자조, 협동정신" 만 강조하는 것으로는 한참 모자란다. 대부분의 국가와 사회에 정도의 차이는 있겠으나 근면, 자조, 협동은 다 전승되고 있다. 어떻게 이를 구체적인 프로그램으로 유인해 내느냐가 관건인 것이다.

일제가 물러간 직후의 한국처럼 문맹률이 70~80%인 지역도 부지기수 인데 그런 곳에 IT와 굿 거버넌스(Good Governance) 만 들고 갈 것인가?

우선 문해교육이 되어야 기술교육도 젠더개발도 굿 거버넌스도 가능할 것이다. 국민의 혈세를 낭비하지 않기 위해서도 먼저 제대로 공부하고 나서 무상원조든 유상원조든 해야 할 것 아닌가!

(3). 실천과 성공사례의 확산

지역사회 개발에 관한 잡다한 현학적 이론은 쏟아져 나오는데 실천적 노력은 드물다. 새마을운동에 대해서도 마찬가지다.

아무리 좋은 구술이 서 말 이어도 꿰어야 되고 아무리 좋은 소금이라도 집어 넣어야 한다.

위와 같은 관점에서 르완다에 파견한 경상북도와 코이카의 새마을 리더 봉사단의 성공사례를 살펴보기로 한다.

코이카와 경상북도의 새마을봉사단 파견 및 시범마을 조성사업은 현지수요에 맞는 맞춤형 사업으로 2010년 8월에 시작되었다. 현재 아프리카 3개국 13개마을과 아시아 2개국 2개 마을, 총 5개국 15개 마을에서 5개년 계획 사업으로 추진되고 있다. 현재까지 새마을 리더 봉사단원은 15개팀 232명이 파견되었으며 주요사업은 생활환경개선, 소득증대, 의식개혁 사업 등이다.

이들 봉사단원들 가운데 2011년 7월에 르완다의 카모니 군 기오꿰 마을에 파견된 5명의 봉사단원들(팀장, 손대호)은 70년대 한국의 새마을운동방식으로 마을주민들과 협동하여 군유지인 늪지를 임대 받아 논으로 개간하였다. 이 과정에서 손대호 팀은 주민 스스로 의사결정을 통해 벼농사 협동조합을 결성케 하였다. 벼농사 경험이 없는 주민들을 위해 코이카와 경북도의 지원으로 선진지 견학과 벼농사 기술 교육 등을 실시하고 참여 중장비도 없이 조합원들과 삽한 자루씩 들고 논을 개간하였다. 그 결과 평균 국민 소득이 500불 미만인 나라에서 가구당 연간 약 200불의 소득증대가 되었다.

이 성공사례는 르완다 정부 공보관을 통해 내무부 장관에게 보고되고 정부 홈페이지에도 소개되었다.

새마을리더 봉사단원들은 그 외에도 어린이 교실운영, 마을회관 건립과 새마을 정신 교육 등을 실시하였다.

그런데 새마을 정신교육은 주민의 참여가 매우 저조한 것으로 알려졌다. 자기네 정신교육도 쉽지 않을 텐데 외국의 정신교육을 한국어를 영어로 통역하고 다시 르완다어로 통역해야 제대로 알아들을 수 있는데 제대로 의미를 전달하기도 쉽지 않을 것이다. 유념해야할 일이라 하겠다.

경북과 코이카가 파견한 새마을봉사단(팀장, 손대호)과 기호궤 마을 주민

(4). 컨텐츠의 개발

개발도상국의 공무원이나 주민 지도자에 대한 새마을운동 초청교육은 대체로 새마을 교육과 새마을운동 발상지로 주장되는 마을견학과 산업시찰 등으로 구성되어 있다. 그런데 외국인들로 하여금 자칫 오해 될 소지가 있다. 즉, 새마을의 컨텐츠가 그들이 단기간에 본 것만으로 이해하는 것이다.

새마을운동의 뿌리가 어찌 한두 지역에 국한된 것인가 말이다. 고건 전총리의 견해대로 새마을운동의 발상지를 전국의 모든 마을로 보는 것도 일리 있는 말이다. 또한 박진환 교수의 말과 같이 , 낙동강 물이 어디 한 골짜기 물만 받아서 이루어 졌는가!

  십년을 한국에서 살아도 새마을운동의 뿌리를 다 못 볼 것이다. 그만큼 한국의 역사와 문화적 토양이, 그 컨텐츠가 풍부하기 때문이다. 새마을금고만 보아도 그 뿌리는 1963년의 정안 마을금가 기원이고 더 거슬러 올라가면 계와 보와 두레 등을 들 수 있다. 그런데 이런 역사적 배경을 이해하지 않고는 외국인의 눈에 비치는 새마을운동이 어떤 모습일가 생각해볼 일이다.

그런데 새마을운동을 논하면서 1960년대 상록수 운동의 모태가 되었던 심훈의 상록수교육을 이야기하는 까닭이 바로 새마을운동의 컨텐츠 개발에 있는 것이다.

그것은 심훈이 윤봉길(부흥원), 김용기(가나안농군학교), 김일주(안양새마을연수원), 한인수(복지농도원) 등과 함께 한국의 근대 성인 교육의 선구자(Forerunner) 또는 사상가로서 새마을 교육의 밑거름이 되었다고 판단되기 때문이다.

게다가 심훈의 캐릭터가 오늘날의 국내외 청소년들에게 매우 이상적인 다음과 같은 면모를 두루 갖췄기 때문이다.
  - 항일 애국지사
  - 시인, 소설가, 드라마 작가
  - 영화 제작자, 배우 등

  또한 아직도 대한민국의 영토인 독도를 또다시 강탈하려는 왜구들이 지적에 있고 대를 이어 영화를 누리는 친일 매국노와 그 자식들이 친일사관을 주장하는 현시점에 심훈 선생께서 생명을 불사르며 실천한 가르침이 더욱 절실히 필요하기 때문이다.

이 외에도 심훈의 소설 상록수는 남북한에서 모두 스테디 셀러로서 남북한이 공유하는 보기 드문 한류 자산 이라 할 수 있기 때문이기도 하다.

  칠십여 년 전부터 한국에 널리 알려진 "상록수 정신"은 희생과 봉사 정신이다. 상록수 정신과 상록수 운동은 1935년에 발표한 최용신 선생을 모델로 한 심훈의 소설 상록수에서 비롯되었으나 상록수에 담은 사상과 농민조직의 협동운동 등은 상당부분 심훈의 철학과 경륜의 발로로 보인다.

상록수 정신을 계승하자는 상록수 운동은 1960년대 까지 전국적인 사회운동으로 특히 농촌을 중심으로 이루어졌다. 상록수 정신이라는 구호 아래 전국의 수많은 사회 지도자들과 청소년들이 농촌봉사활동에 참여했다.

오늘날 당진과 안산에는 모두 상록수 정신을 기리고 교육하는 상록 초등학교가 있다. 또한 당진의 필경사, 안산의 최용신 기념관은 평생교육의 장이 되고 있다.

그리고 상록수 운동을 활발하게 전개한 대학이 서울대학교 농과대학이다. 고 유달영 교수의 가르침에 따라 대학생들이 전국의 농촌으로 봉사활동을 전개했다. 서울대 농대생들 뿐만 아니라 50, 60년대에는 전국의 수많은 청소년들이 유달영 교수의 글을 읽고 농촌봉사에 동참했다. 수원의 서울대 농대 캠퍼스(현재 관악 캠퍼스)의 기숙사가 "상록사"이고 농대 교가 격인 노래로 "상록의 아들"이 있고 학생회지가 "상록", 그리고 매년 열리는 "상록문화제", 동창회가 "상록의 날"이다.

해외에 파견된 한국의 평화유지군에도 상록수 부대가 있다. 그 외에도 수많은 "상록(수)"를 명칭으로 한 시설과 단체가 전국에 산재해 있다.

오늘날 상록수 정신과 운동은 그 열기가 1960년대 이전 만 못하다. 그런데 상록수 운동이 당진에서 새롭게 시작되고 있다.

당진시에서 심훈 상록수 정신의 가치를 주지하고 상록수 기념관을 확장하기로 한 것은 매우 바람직한 일이다. 그런데 건축만으로는 충분치 않다. 건물 안에 교육 컨텐츠가 들어가야 한다. 이를 위해 장단기 로드맵을   작성하고 이에 따라 청소년을 주 대상으로 하는 성인 교육 프로그램 특히 청소년을 주 대상으로 하는 교육과정이 도입되어야 하겠다. 우선 다음과 같은 노력이 필요하다.

- 상록수 교육원(가칭)의 Rosd Map 작성을 위한 TF팀 구성
- 교육원 운영 원칙과 교육 대상별 교육모듈과 매뉴얼 개발 등

상록수 교육원의 교육 목표와 대상에 다문화가정의 자녀들도 당연히 포함시켜야 하겠다. 다문화가정의 자녀들을 통해 코리안 드림의 세계화를 확산시키는 일이다.

한국이 일본 식민지로 수탈을 당하던 때, 그리고 개도국이었을 때 상록수(운동)은 국내에 국한되었다. 그런데 OECD회원국인 오늘날의 한국은 새마을운동과 아울러 상록수 정신과 상록수 운동도 그 컨텐츠를 해외의 개도국에 소개하고 나누어야 하겠다.

우선 당진시 관내로부터 점진적으로 충남과 전국의 청소년을 대상으로 하는 역사교육과 코리안 드림의 세계화를 상록수 교육원의 역할기대의 하나로 하고 그 구체적인 교육 모듈과 매뉴얼 등 교육 계획을 수립하여야 하겠다. 그리고 이와 같은 노력은 빠를수록 좋다.

(5). 개도국 농촌개발에 새마을금고의 소액금융(Micro Credit) 접목

현재의 새마을 금고는 시중은행과 큰 차이가 없을 만큼 양과 질적으로 크게 발전하였다. 그런데 개도국에 필요한 소액금융 제도는 시중 은행의 금융기관 같은 형태가 요구되는 것이 아니다. 오히려 새마을금고 초기 형태의 60년대 마을금고가 더 적합할 수도 있다. **계와 두레를 모태로 하는 마을금고는 오늘날 세계적으로 거론되는 소액금융의 원조라 하겠다.**
Cow Bank나 Goat Bank 등의 유용성도 간과하지 말아야 할 것이다.

(6). 새마을운동의 "전봇대"에 대한 경계

최근 새마을운동의 세계화에 대한 국제적 관심이 고조되고 한국의 새마을운동을 통한 개도국 지원 요청이 쇄도하는 것은 가슴 뿌듯한 일이다. 그러나 다음과 같은 우는 범하지 않아야 하겠다.

첫째, 사이비 용비어천가 격인 새마을찬가는 새마을운동의 세계화에 유익하지 않다.

한글 창제의 영광은 분명 세종대왕의 몫이지만 한글의 창제는 세종대왕과 집현전 학자들에 의해 이루어진 것이다. 이를 세종대왕 한분이 발명한 것으로 말한다면 한글의 격을 떨어뜨리는 것이다. 마찬가지로 새마을운동은 누가 뭐래도 분명 박정희 대통령의 브랜드다. 그러나 새마을운동의 뿌리를 어느 특정 마을이나 그 업적을 박정희 대통령에게 만 국한시켜 신격화하는 등의 우는 범하지 않는 것이 낫다.

셋째, 새마을운동을 거버넌스만 지나치게 강조하거나 학자들도 이해하려고 하기 쉽지 않은 현학적 이론은 접목하지 않는 것이 좋다.

거버넌스가 새마을운동에 부분적으로 유용하기는 해도 만병통치약도 아닌데 코끼리 꼬리를 코끼리 몸통이라고 하는 격의 학자들이 나타나고 있다. 또한 상대성 이론 같은 현학적인 이론을 새마을 운동에 접목하려는 시도도 발견된다. 새마을운동은 일반 농민들도 잘 이해하고 실천한 사회운동임을 상기해야 할 것이다.

넷째, 새마을운동에 사족은 달지 않는 것이 좋다.

성경과 불경과 코란은 각각 원본 한 종류씩만 있으면 충분하다.

쓸 데 없는 주석서의 범람이 종교를 부흥시키거나 인간의 삶을 풍요롭게 하지 않음을 상기할 일이다.

다섯째, 새마을운동관련 연구의 해외 의존으로는 새마을운동의 품격을 높이기 어렵다.

　새마을운동의 역사적 토대와 거버넌스를 포함한 철학과 추진 원리와 전략과 정책들과 시행착오 까지도 이미 1970~80년대에 다 만들어졌다.
이에 대해 무지하거나 외면하고 쓸데없는 시도를 한다면 배를 산으로 끌고 가려 하거나 성경과 코란을 멀리하고 이단적인 주석서를 만드는 격이라 하겠다.
　그럼에도 새마을운동의 세계화 연구를 국내 연구기관에는 주로 불과 수 천 만원에서 부터 1억 원 미만, 유사한 연구를 외국 기관에는 수억 원의 연구비를 지급하는 사대주의와 이에 편승하려는 외국의 사이비 학자들도 경계되어야 하겠다.

여섯째. 정부의 ODA사업을 대행하는 PMC선정 과정의 투명성을 제고하는 노력을 지속해야하겠다.

　투명성 제고 없이는 국민의 혈세로 집행하는 ODA사업의 지속가능한 성과를 기대하기 어렵기 때문이다.
　이를 위해 사업을 주관하는 PM을 비롯한 평가 대상 전문가의 평가에 가능한 정량평가 지표들을 충분히 적용하고 정성평가 지표도 또한 합리적 계량화 방법을 개발하여 자의적인 평가 소지를 방지해야 하겠다. 또한 행정편의상 관련 정보의 공개를 거부하는 것도 투명성 제고에 "전보대"가 된다 하겠다.

결 론

지난 세기, 특히 1970년대 한국의 비약적인 발전에는 다양한 요인이 작용했을 것이나, 국내외에서 지적하는 가장 큰 성공 요인으로 새마을 운동을 꼽고 있다. 게다가 새마을 운동은 이제 대한민국만의 새마을 운동이 아니다. 세계의 많은 개발도상국과 개발경험을 나누는 국가발전의 소중한 모델이 되고 있다. 새마을 운동에 대한 다양한 평가가운데 국내보다는 외국의 평가가 오히려 더 긍정적인 것은 매우 흥미롭다고 하겠다. 또한 1980년대 이후 국내에서는 거의 명맥만 이어 오다시피 한 새마을운동이 최근 해외에서 오히려 더 활발하게 추진되고 국내의 일부 대학과 종교기관들도 새마을 사업에 동참하겠다고 나서는 것은 매우 아이러니한 현상이라 하겠다.

우리는 새마을운동에 대한 충분한 경험과 이를 토대로 입증된 최적의 개발 전략을 갖고 있다. 최병익이 2014년 국제 새마을 포럼에서 지적한 대로 우리가 학습한 것을 실천하는 것이 새마을운동 성패의 관건이라 하겠다.

이미 새마을운동 초창기에 박정희 대통령은 새마을운동의 정신, 목적과 추진 방법을 친필로 일목요연하게 정리하였다. 실천을 강조하고 있다.

그 내용을 번역해 달라는 외국인이 있어 페이스북에 올린 내용을 원본 그대로 소개한다.

I emphasized practical rather than theoretical at the Global Saemaul Forum(27~29, Gyeongju, Korea) such as; Now we have more than enough knowledge, history, sprit and strategy on Saemaul Undong. What to do from now on? We need to learn from martial art masters. There are only 3 tips in boxing- straight, upper cut, hook. And the difference between champion and looser is practice. Successful Saemaul leaders also practice for their dreams and never give up it.

Recently I found ex-President Park's hand writing on Saemaul Undong. We can find his philosophy, the core concept and strategy and his emphasis on practice of Saemaul Undong.

What is good life (wellbeing)?
○ Free from poverty...
○ Rual villages become rich, more relaxed and refined, and cultural life by income boosting
○ Love each other and mutual aid among villagers
○ Affordable and beautiful and livable village
Living well now is Important…but making better life for tomorrow, for our beloved descendants is more meaningful.(Let's find philosophical concept on Saemaul Undong.)

(4) 어떻게 사는것이 잘사는 거냐 ?
  ○ 貧困脫皮
  ○ 所得이 土重大 되어 農村이 富裕해지고
    보다더 餘裕 있고   品位있고
    文化的인 生活

  ○ 이웃끼리 서로사랑하고   相扶相助 하고.

  ○ 안뜰하고 아름답고 살기좋은 내마을...

  ◎ 當場 오늘의 우리가 잘살 겠다는 것도
    重要하기 만...... 來日을 爲해서
    우리의 사랑하는 后孫 들을 爲해서
    잘사는 내고장 을 만든 겠다는 데
    보다더 큰 뜻이 있다.(새마을 운동에
    철한 哲学的인 意義 發見 하자)

어떻게 해야 잘살수 있느냐 ?

(1) 方法은 다 알고 있다.
    問題는 実踐 이다.

⎰ (2) 부지런 해야   잘산다.
⎱ (3) 自助 精神이 旺盛 해야.
  (4) 온마을 사람이 協同 精神이 旺盛해야

  혼자 부지런 해도 안된다. — 온집안
  食口 全部가 부지런 해야   한다

  한집만 부지런 해도   안된다.
  온 洞里 사람이   全部 부지런 해야한다.

  온 洞里 사람이 全部 부지런 하면 協同
  도 잘 된다.

자료:박정희대통령기념재단 회보 Vol.40, 2014. 7. 1

한편, 외국인들에게 박대통령에 대해서 "...strong leader"라고 설명하는데 간과하는 측면을 지적하고자 한다. 즉, 박대통령은 성인교육의 중요성을 잘 알고 있는 교사 출신이었기에 새마을운동의 추진 동력으로 국가정책과 함께 새마을 연수원 교육을 중점 추진토록 한 것이다. 이와 같은 관점에서 새마을 ODA사업도 새마을 교육을 통한 새마을운동의 추진되어야 하겠다.

참고 문헌

가나안농군학교,1990, 가나안복민운동 1,2

김영환,1959, 덴마크 갱생운동사, 신교출판사

매헌기념사업회,1986, 매헌유고

백승구(편),1985,심훈의 재발견, 미문출판사

심훈(인주승편), 1992, 상록수외 최용신의생애 홍익재

안창호, 1974, 도산 안창호 논설집, 을유문화사

오치선, 1977, 도시학교 새마을교육의 새로운 방향 설정에 관한 연구, 연세교육과학 제11집, 연세대학교 교육대학원

외솔회, 2002, 나라사랑 제104집

정기환,2005, 한국 새마을운동의 재평가(외국사례를 중심으로).경원대 사회과학연구소.성남발전연구소 세미나 자료.pp.48.

최병익, 2010, 새마을운동-평가와 전망, 도서출판 세왕

_____, 2014, "새마을운동의 세계화와 심훈 상록수 교육", 한국의 인간 상록수 전기 (사)심훈 상록수 기념사업회

통계청, 2007, 지방자치단체 외국인 주민현황

Ahmad, Rai Niaz and Choe, P. I. 2014, "Sharing Development Experience of Pakistan University's Outreach and Saemaul Undong", Presented at Global Saemaul Forum, Aug27~29, Gyeongju, Korea.

Aqua, Ronald "Role of Government in the Saemaul Movement," edited by Lee, Man-Gap 1981, Toward a New community Life.

Brunner, Lee, E. S. 1928, "Rural Korea: A Preliminary Survey of Economic, Social, and Religious Conditions" in The Christian Mission in Relation to Rural Problems, Vol Ⅵ, New York, International Missionary Council.

Cheong, J. W. 1987, Promising Education for Community Development, Seoul National University Press.

Guyer, D. L. and Frarey, M. E. "Function of Private Voluntary organizations within the Saemaul Movement", edited by Lee, M. G. 1981, Toward a New Community Life.

Jacob, P. E. et al, Values and the Active Community, the Free Press, 1971.

Jeon, D. I. et. al., The Role of Saemaul Credit Unions In Regional Community Development, Saemaul Undong English Summaries of Reseach Articles on Saemaul Undong, Volume 12, The Headquarters of Saemaul Undong, 1986.

Kee, Youngwha Saemaul Education; Past & Present, 2009 International Conferance of Saemaul Undong, pp.149~153.

Kim, S. S. and Cheong, J. W. "Saemaul Training as an Educational Innovation," Innovative Community Development, editrd by Lee, J. H. 1983, Institute of Saemaul Undong Studies, Seoul National University.

Korean Overseas Information Service, 1995. Facts about Korea,

Lee, J. H. "Review of Saemaul Undong: Impacts and Its Implications," Iedited by Lee, J. H. 1983, Innovative Community Development,.

Lee, J. H. and Rozen, P. "Prospects of the Saemaul Undong," edited by Lee, Man-Gap 1981, Toward a New Community Life.

Lee, Jeong Ju and Choi, Oe-Chool, 2009, A Study on the Curriculum for Saemaul Undong Studies as a Discipline, presented to the Global Saemaul Forum.

Oh, Chi Sun and Kim, Hyon Soo, 1995, OK Training Program for Youth, Ji-Young Books

Oh, Chi-Sun, 1992, Youth Education and Leadership, Ji-Young

Books

Park, J. H. "Saemaul Undong and Korean National Development,"

Park, J. H. 1979, "Introduction," Seamaul: Korea's New Community.

Reed, Edward P, "Village Cooperation and the Saemaul Movement,"
edited by Lee, M. G. 1981, Toward a New Community
Life.

Toynbee, A. J. A Study of history, Abridgement of Vol. I -VI,
Oxford Univ. Press, 1947.

www.kor-canaan.or.kr

www.koica.go.kr

www.kostat.go.kr

www.mosa.go.kr

www.nonghyup.com

집필진

최병익
- 서울대 농대와 서울대 대학원에서 농업교육과 농촌개발 전공(Ph.D)
- 서울대 강사, Indonesia정부고문, 공주대 산업대학장과 산업개발대학원장, 충남농업경영지원센타 이사장, KOICA중장기자문단(르완다내무부고문) 등 역임
- 현재 국제문화대학원대학교 새마을교육원장/파키스탄Arid농대의농민훈련센타 건립사업PM
- 홍조근정훈장 및 적십자사 헌혈유공금장(헌혈104회)

오치선
- 명지대, 연세대와 Xavier University에서 교육학 전공(Ph.D)
- 한국 최초 도시새마을교육 학위(논문 : 도시학교 새마을 교육의 새로운 방향 설정에 관한 연구, 연세대)
- 서울대 강사, 명지대학교 교수, 교육대학원장, 사회교육 대학원장
- 국제문화대학원대학교 설립, 이사장, 총장
- 일본국립동북대학 겸임초빙교수
- (사)한국청소년학회 회장, WAYS(세계청소년학회) 회장
- 홍조근정훈장

최찬호
- 서울대 농대와 필리핀국립대(UPLB)에서 발전커뮤니케이션 및 농업경제 전공(Ph.D)
- 농협 해외협력국장, 농협대학 교무처장과 ASPAC-FFTC농업경제전문가 및 국제협동조합연맹 아태지역사무총장 역임
- 현재 한국농촌발전연구원 부원장

새마을운동과 ODA

2014년 11월 05일 　　초판인쇄
2014년 11월 10일 　　초판발행

저 　자 : 최병익, 오치선, 최찬호
발행인 : 김종태, 정사무엘
편집인 : 오석원

발행처 : 충남 청양군 운곡면 청신로 576
국제문화대학원대학교 산학출판부

등록 : 2012년 7월 2일 제459-2012-000002호
전화 : 041-943-9991~2

정가 15,000원